hito*yume book

教材開発
はじめの
一歩

新学習指導要領を
ひもとく

PDCAサイクルによる教材開発と展開、評価の活用

加藤 明

文溪堂

プロローグ

2020年から学校教育は変わります。

新学習指導要領の全面実施（小学校では2020年度から、中学校では2021年度から）を前に、多くの学校で取り組みが本格化しています。

「主体的・対話的で深い学び」「カリキュラム・マネジメント」「見方・考え方」……さまざまなキーワードが飛び交い、多くの書籍も出回って、その理解が進んでいるように見えますが、実際のところはどうでしょうか。

なんとなく理解し、分かったつもりになっていることはありませんか?

全面実施を目前に控えたいまだからこそ、新学習指導要領について、いま一度確かな理解を深めていただきたいと思います。

学校教育はその指針となる学習指導要領を10年ごとに見直します。学習指導要領は国が定める最低基準（ナショナル・ミニマム）ですから、小学校でいえば2020年の全面実施から2030年頃まで長く、大きくかかわってくることになります。

新しい学習指導要領では、2030年の社会のあり方を見据え、その先も見通した学校教育のビジョンと方向が示されました。具体的には、どのような目標（育ちの姿）をめざして、何を、どのように教えていくか、どのような評価を行うかの見通し、カリキュラムのあり方が示されたわけです。

これまでとの大きな違いは、先生方にとって、何よりも**指導の結果、つまり、結果としての子どもたちの育ちの姿が重視される**ことです。

指導の結果として何が身についたのか、これから自分がよりよい人生を送り、社会を発展させるために必要な資質・能力、すなわち、これからの時代に求められる資質・能力が身についたかどうかが問われるのです。

単なる分かる（知識）、できる（技能）にとどまらず、それらを活用して未知の問題も解決する意欲や力が育っているか。背伸びをしての粘り強い取り組みからの充実感や自己肯定感、協働して取り組む中で得られる連帯感や支え合い、個性の出会いの手応え等々、社会（文化）の中での自己実現のプロセスとしての人生をたくましく、しなやかに歩む力が育っているか等々です。

そのためには、授業で学んだことを確かめる「適用題」ではなく、「生きて働く知識・技能の習得」「未知の状況にも対応できる思考力・判断力・表現力等の育成」のための「活用題」が必要です。

「活用題」とは、子どもたちが自分ごととして主体的に問題に取り組み、背伸びをして粘り強く、手応えのある問題の解決を通して「学びに向かう力」を育てるためのものでもあります。

活用題の例を挙げると…

たとえば、1頭のゴリラがいたとします。名前はモモ。

身長200㎝、体重100kg。なかなかのイケメン（オス）です！

モモ
身長 200cm　体重 100kg

このゴリラのモモが、
ある日、鏡に映った
自分の姿を見て、
「あれ、なんだか太ってる！」
と感じたのだ
そうです。

そこで、
あわてて
『20％やせる薬』を
飲んだら、
80kgになりました。

でも急激にやせて
みんなが心配するので、
あわてて
『20％太る薬』を
飲みました。
モモの体重は
もとに戻るでしょうか。
戻らないでしょうか。
そう考えたわけも
言いましょう。

5年の割合の問題です。
いかがですか？

もとになる量から見るという見方・考え方をみる問題です。この問題については、のちほど詳しく紹介しますが（37ページ）、こうした問題のように、少し背伸びをして粘り強く取り組んだら、「解けた」「できた」「分かった」の手応えが、意欲的に人生を生き抜く力となります。

学校とは、子どもが賢くなり、
自信がつくところでなければなりません。

分かることやできることが増え、考える力や表現する力がつき、学ぶ手応えや楽しさを味わった結果として学ぶ意欲が高まり、成果の手応えを感じることで自分自身に自信がつくところでなければならないのです。

子どもが賢くなり、自信をつけるためには、子ども自身が自分で考えて問題解決できる力が必要です。

友達と協力し合って成し遂げたり、交流し合ったりしてともに高まるような体験、楽しさを味わわせることが求められます。

プロとしての教師は、子どもたちにバランスの取れた学力を育てる力量をもち、成果を取り上げて一人ひとりの子どもに、ほめことばや励ましのことばを返すことができなければなりません。

そのようなほめことばや励ましのことばが、子どもたちの自信や自尊感情を育てることになります。お互いの人格や個性を認め合い、その成長や向上をともに喜び、支え合いながらも自立し、個性的に生きていくという学級づくり、集団づくりに効果的に結びついていくのです。

本書では、「新学習指導要領」を改めてひもとき、教材開発と展開を中心に考えていきます。

子どもが賢くなり、自信がつく――そうした授業づくりのために、本書がお役に立てば幸いです。

もくじ

第1章

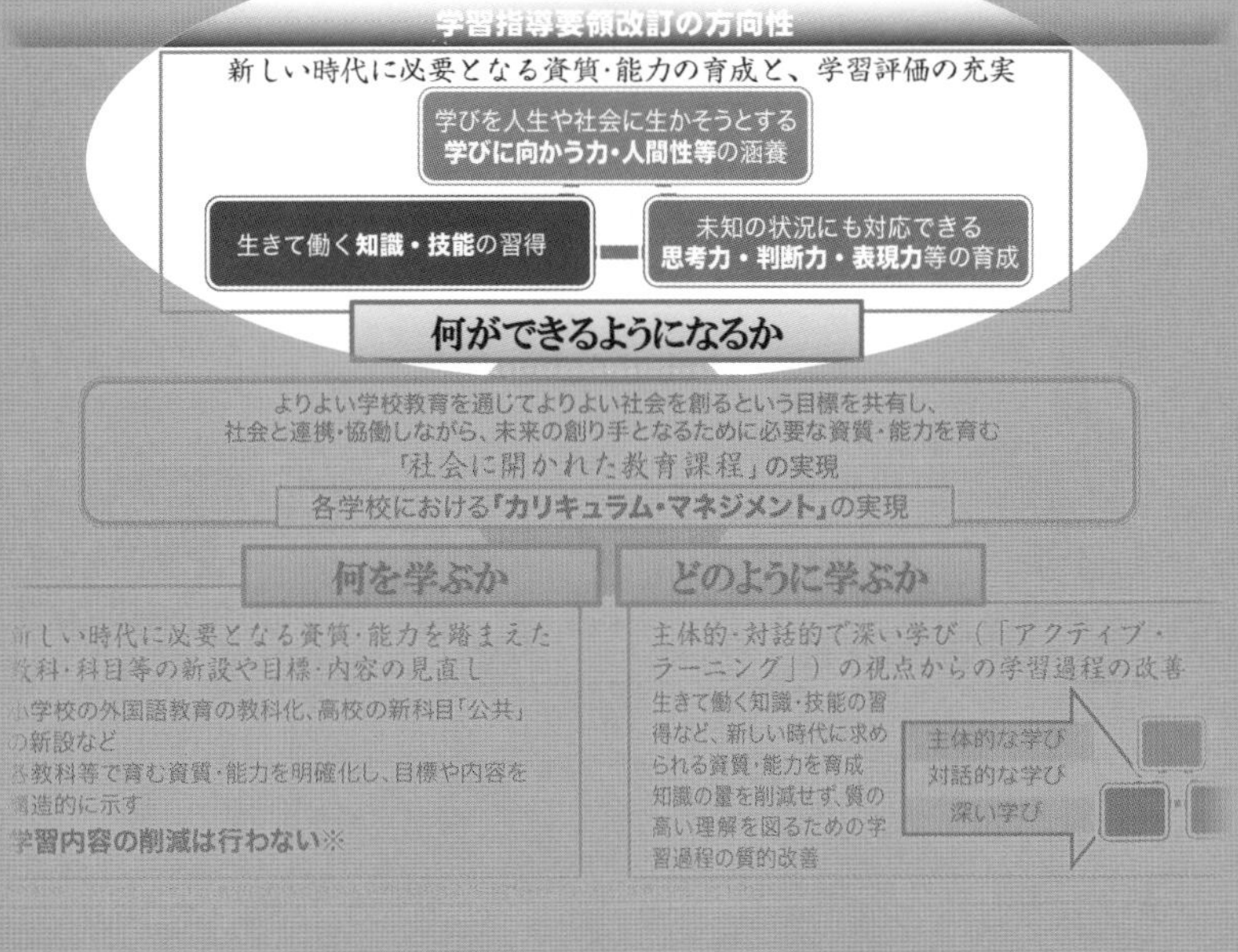

学習指導要領改訂の方向性
新しい時代に必要となる資質・能力の育成と、学習評価の充実
学びを人生や社会に生かそうとする
学びに向かう力・人間性等の涵養
生きて働く知識・技能の習得
未知の状況にも対応できる
思考力・判断力・表現力等の育成
何ができるようになるか
よりよい学校教育を通じてよりよい社会を創るという目標を共有し、
社会と連携・協働しながら、未来の創り手となるために必要な資質・能力を育む
「社会に開かれた教育課程」の実現
各学校における「カリキュラム・マネジメント」の実現
何を学ぶか
しい時代に必要となる資質・能力を踏まえた
科・科目等の新設や目標・内容の見直し
学校の外国語教育の教科化、高校の新科目「公共」
の新設など
教科等で育む資質・能力を明確化し、目標や内容を
造的に示す
学習内容の削減は行わない※
どのように学ぶか
主体的・対話的で深い学び（「アクティブ・
ラーニング」）の視点からの学習過程の改善
生きて働く知識・技能の習
得など、新しい時代に求め
られる資質・能力を育成
知識の量を削減せず、質の
高い理解を図るための学
習過程の質的改善
主体的な学び
対話的な学び
深い学び

何ができるようになればいいのか

～何が身につけばいいのか～

○学習指導要領の趣旨とポイント

今回の学習指導要領の趣旨とポイントを改めて振り返っておきましょう。

1980年から約30年にわたり、「ゆとり教育」の実現へ向かって歩んできた学校教育は、前回の学習指導要領改訂時（2011年）に「授業時間の増加」を盛り込み、「脱・ゆとり」への方向転換を打ち出しました。

さらに、「予測困難な時代だからこそ、各人が持続可能な社会の担い手として新たな価値を生み出していかなければならない」という現状認識から検討が重ねられた

子どもたちを取り巻く状況

子どもたちを取り巻く状況		
●AIをはじめとする科学技術の発達とそれに伴う知識爆発、知識基盤社会	⇨	●未知の状況にも対応できる生きて働く知識・技能、見方・考え方等の育成
●グローバル化…情報や人、物が国境なしに行き交う、複雑化を増す社会	⇨	●考え方や価値観の異なる人間同士のコラボレーションの必要性から「主体的・対話的で深い学び」の実現
●少子高齢化…少ない子どもの周りにあふれる老婆心：ネガティブな感情とのつき合い方、打たれ弱さ、手加減できない子…。	⇨	●粘り強くがんばることや嫌なことでもすぐに逃げ出さない（コーピング）といった非認知的能力の育成
●発達の加速化現象…思春期の時期の早まり、心と身体の成長のアンバランス	⇨	●小中一貫教育等の必要性

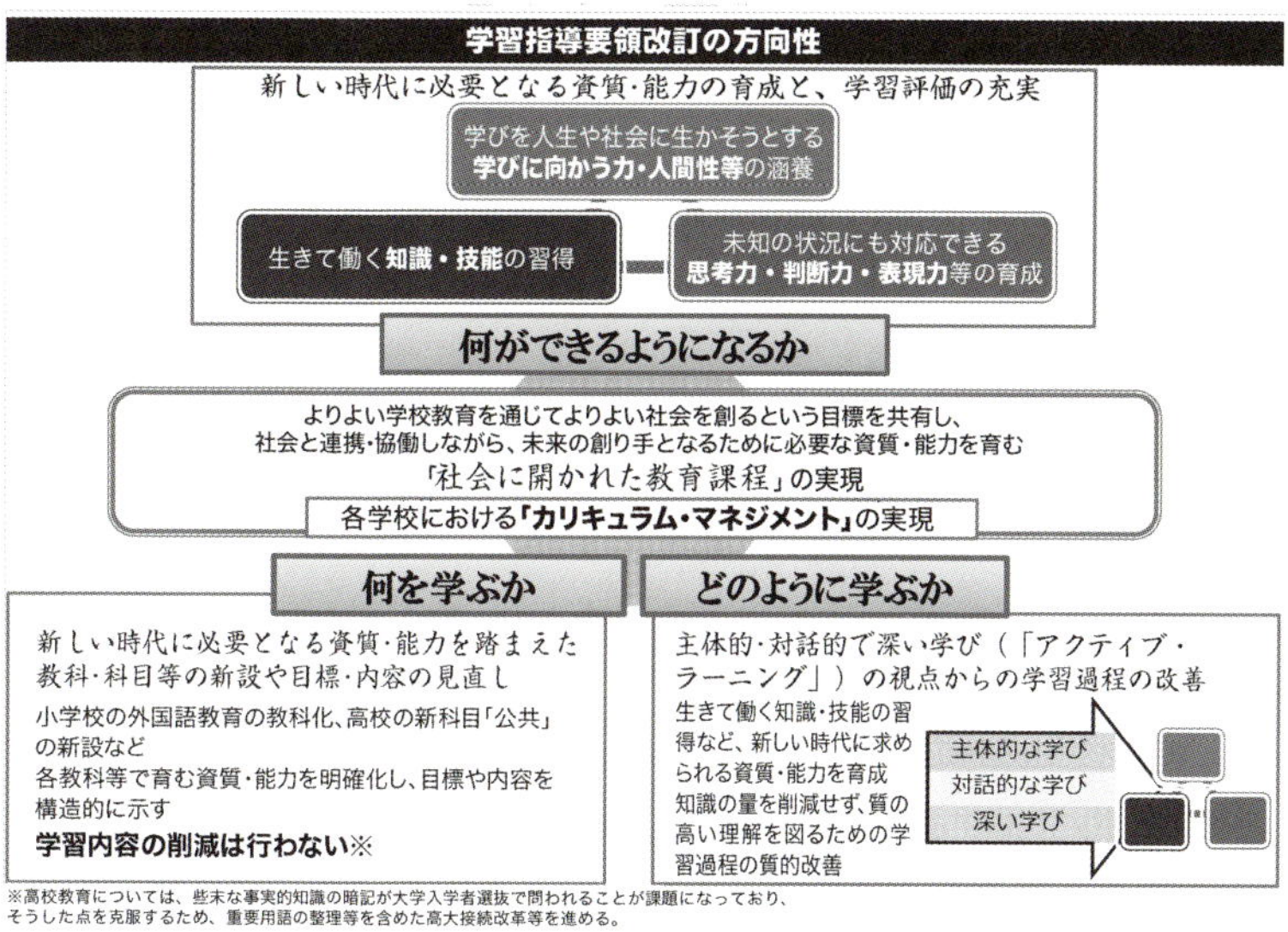

中央教育審議会答申（平成28年12月21日）より

今回の改訂では、かつてない危機感をもって、子どもたちの理解の質を高め、確かな学力を育成する**「社会に開かれた教育課程」**の実現をめざすことが示されました。

これまでの学習指導要領が**「何を教えるか」（内容）**を重視していたのに対し、新学習指導要領では**「何ができるようになるか」（能力）**を明確化していることが、その表れだといえるでしょう。

「何を学ぶか」「どのように学ぶか」を一体化、具体化することで、社会全体が「学びの地図」を共有し、

初等中等教育から大学教育までの一貫した接続イメージ

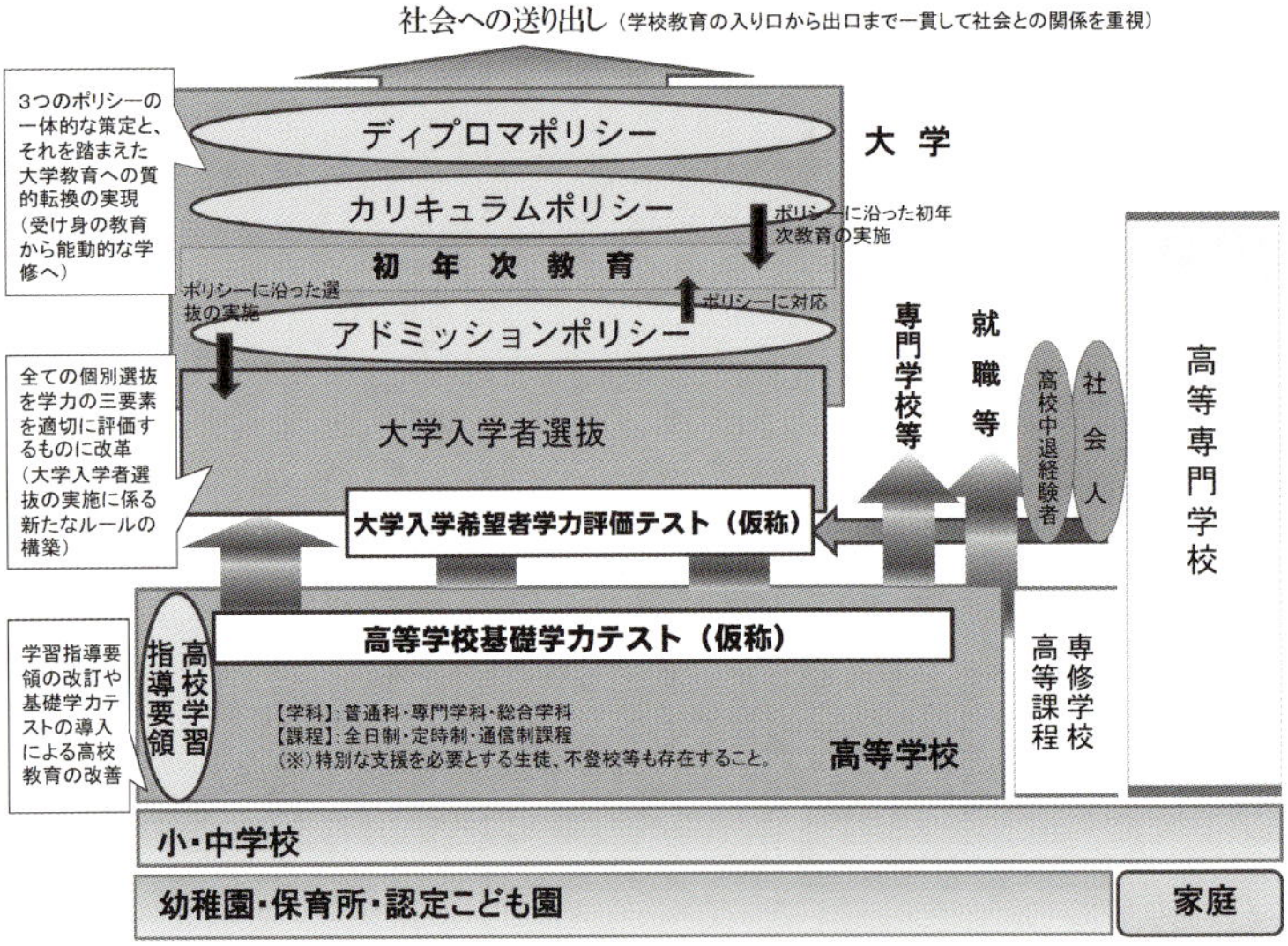

文部科学省高大接続改革会議資料による

連携することをめざしています。

そして、この学習をとりまく大きな流れは、**大学の「入学試験」の改革にも直結**しています。

ご存知の通り、2021年以降、センター試験に代わって、知識・技能だけでなく思考力・判断力・表現力等を中心に評価するテストが導入されます。大学個別の試験も、受験生の能力を多面的・総合的に評価するような、多様な形式への変更が検討されています。

つまり、**学校教育の入り口から出口まで、一貫して社会との関係を重視**しているわけです。

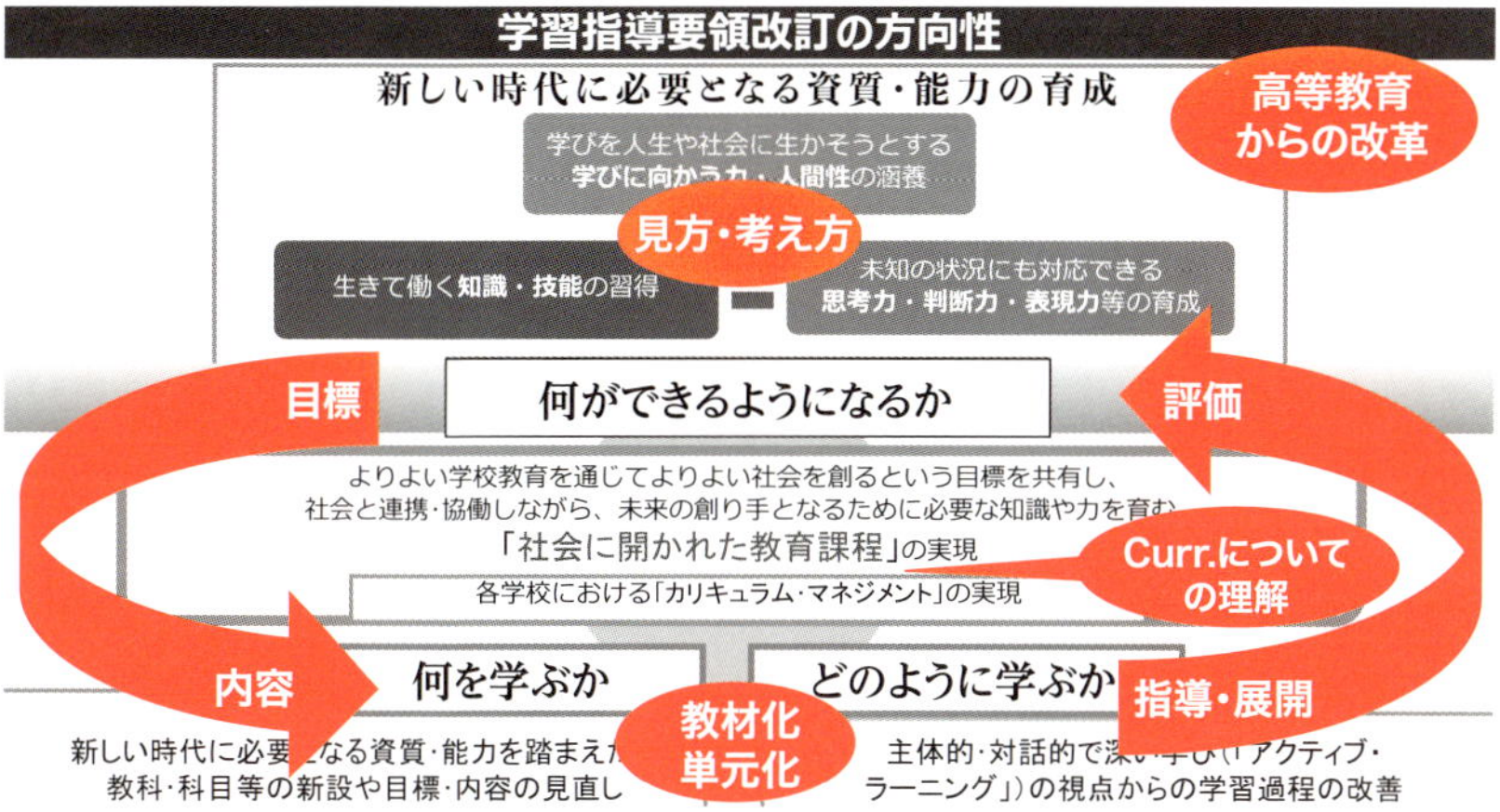

○目標と指導と評価の一体化（PDCAサイクル）

新学習指導要領では、これからの時代に求められる力を3つの資質・能力からとらえています。

この3つの資質・能力を目標とし、各教科等の内容に即して明確化し、「何を学ぶか」すなわち「内容」を構造的に把握して適切な教材や学習の場を設定し、「どのように学ぶか」という「展開」を行い、評価としてもう一度「何ができるようになるか」を確かめる。この**「目標と指導と評価の一体化（PDCAサイクル）」が重要**です。

目標・評価として掲げられた「何ができる

育成をめざす資質・能力の三つの柱

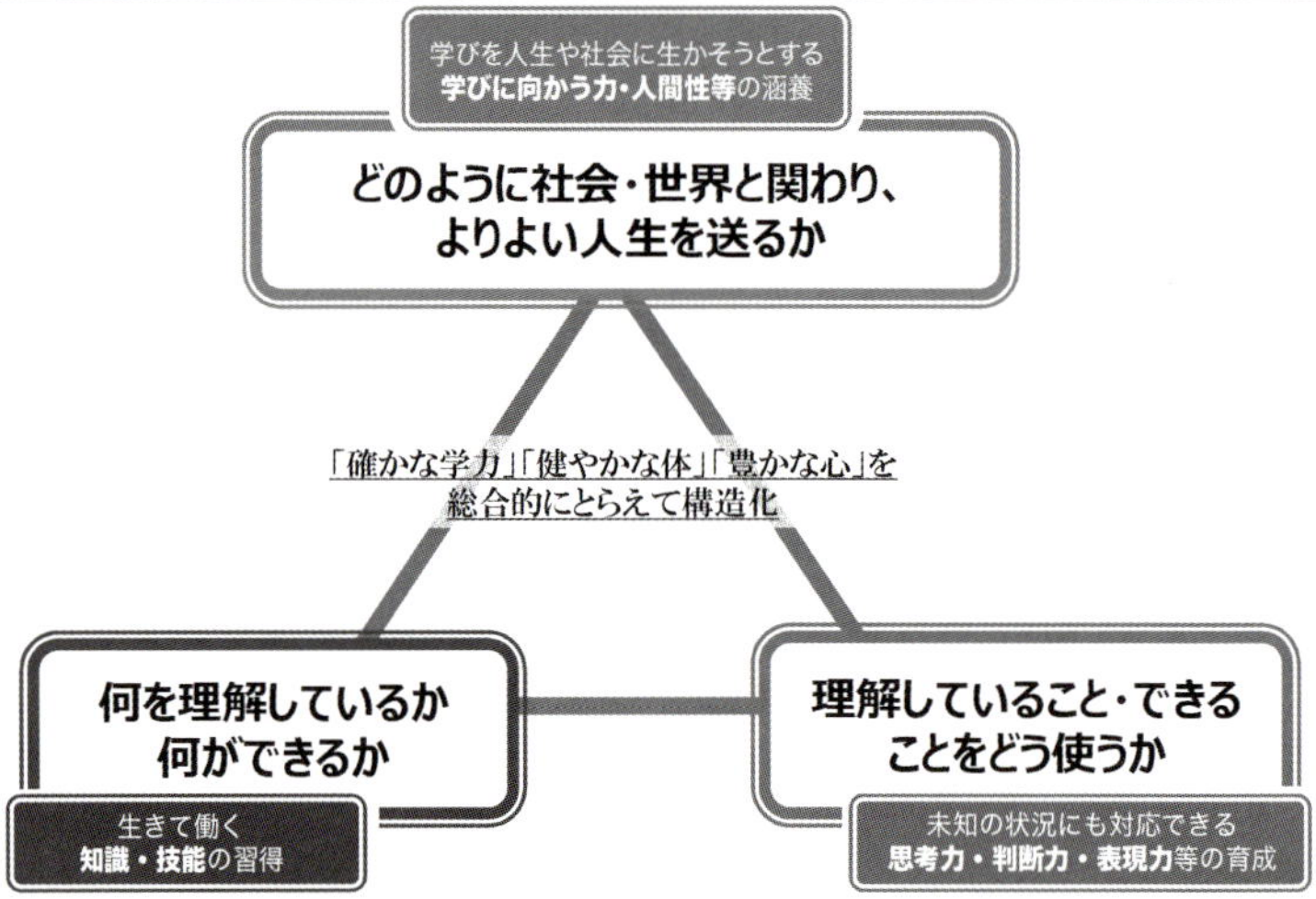

ようになるか」の３つの資質・能力とは何か、いま一度押さえておきましょう。

○生きて働く知識・技能の習得

「生きて働く」つまり単なる知識ではなく、活用できる知識・技能をもたなくてはならないということです。

○未知の状況にも対応できる思考力・判断力・表現力等の育成

　ルーティンではない状況においても、ゼロベースの知識からアプローチして問題を解決する能力としての思考力・判断力・表現力であるといえるでしょう。

さらに「等」には、粘り強く取り組む力や、少しくらい嫌なことがあっても逃げ出さないでがんばる力（コーピング）といった非認知的能力も併せて育成する必要がある、ととらえるべきでしょう。

○学びを人生や社会に生かそうとする学びに向かう力・人間性等の涵養

これは教育課程の成果を統合して実現を図るものであり、世の中は捨てたものではなく、自分はやればできる力があるのだと、自尊感情や自分の人生及び社会に対する積極的で肯定的な見方・考え方を基盤に実現するものです。

◎**「どのように学ぶか」**における**「主体的・対話的で深い学び（アクティブ・ラーニング）」**は、授業改善の視点であり、主体的な深まり（意味の深化）と対話で育てる汎用的能力としての論理的・批判的思考力と言語力および知的なコラボレーション、協働による学ぶ手応えにより、認知的、非認知的能力とともに、人間的な深い学び（メタ認知）に導くものでなければなりません。

そのような授業改善に効果的な**教材の開発、設定**と、目標・内容の吟味を作業内容とする**「何を学ぶか」**を**一体化しての効果的な指導・展開**が求められているのです。

○評価にこだわる、結果に責任をもつ指導

教育はプロセスが大切だと言われます。確かにその通りですし、異論を唱えるつもりはありません。

ただ、そのプロセスによってどのような目標の実現をめざそうとしているのか、その目標の実現からみて適切な学習プロセスなのかを評価によって確かめなければなりません。**プロセスとは、結果として子どもたちの育ちの姿で評価されるもの**だからです。

そもそも学校教育において、一方的な教え込みのプロセスをとらないのはなぜでしょうか。

これまでに学んだ知識や技能、見方・考え方を活用して新しい問題の解決にアプローチし、失敗や遠回りの中から、よりすぐれた解決の方法を導き出し、身につけていくといった学び方を、学ぶ手応えとともに育てたいという目標があるからです。

目標に向かう効果的な指導及び適切な「活用題」、十分な量と質を備えた「適

用題」、「練習題」によって定着、習熟、発展を図る、こうしたプロセスを内容とする展開であれば、結果として子どもの力は育つことになります。

結果がよくないのは、プロセスのどこかに原因があるのです。プロセスのどこかに、改善の余地があるということです。

教育は結果が大事であり、結果としての子どもの育ちの姿で勝負するものでなければなりません。

そのためには、結果の確かめとしての評価を行うことが不可欠です。

評価にこだわるとは、子どもの育ちの姿にこだわるということです。

「学び続ける主体」の育成を実現する教育方法の構築の立場からとらえ直すと、これからの授業は、教材を通して新しい知識や技能、ものの見方・考え方など、**これまで見えなかった世界を開きながら、その開き方を教える授業が求められている**といえるでしょう。

さらに学習者自らが新しい世界を開きながら、自分の可能性を開く、そうした力をつけるプロセスを内容とする授業でなければなりません。

私はかねてから**「開く」授業**を提唱してきましたが、新しい世界を開きながら、自らの可能性を開く授業とは、共に学び合うことを楽しみながら、自らの学びの力を育成する授業ともいえます。

そのためには、能力を系統的に育てるための作業仮説を立て、評価によって作業仮説を修正、改善し、作業単元から資料単元へ仕上げていってカリキュラム開発を図る。これは学校を単位とする協働作業であり、そこでは教師間のコミュニケーション力とコラボレーション力が問われているのです。

(開く授業については、拙書『「開く」授業の創造による授業改革からカリキュラム・マネジメントによる学校改革へ－アクティブ・ラーニングを超える授業の創造と小中一貫教育の方法－』文溪堂 で詳しく紹介しています)

こうした「開く」授業づくりのためには、何よりも、新しい知識や技能、ものの見方・考え方、表現のしかたといった、開く世界及びその開き方が見えていなければなりません。

さらには、それが見えたとしても、一方的な講義形式で教示したものでは意味がないのです。失敗や遠回りもよしとして、自分なりに取り組む効果的な探究活動や追究活動であること。学習者自身が「主体的に」取り組み、「開く」喜びや手応えを味わうことで、「開き方」と開いた新しい知識や技能、見方や考え方を身につけさせることが大切なのです。

さらに、それで終わるのではなく、新しく習得した知識や技能を定着し、習熟させることが求められます。

そのためには、見方・考え方、表現のしかたを活用し、思考力を育て、基礎・基本を確実にする「活用題」、さらに問題解決のための力を確実にするための適切な質と量の「適用題」、「練習題」を準備しなければなりません。

よい教材が深い学びをつくるといえるでしょう。

目標　「何ができるようになるか」
（何が身につけばいいのか）　**3つの資質・能力**

指導　内容「何を学ぶか」
各教科等で育てる資質・能力（目標）を内容に即して明確化し、目標、内容を構造的に把握して適切な教材及び学習の場を設定する

展開　「どのように学ぶか」
主体的・対話的で深い学び（アクティブ・ラーニング）からの学習過程の改善

PDCA
サイクル

評価　「何ができるようになるか」
（何が身につけばいいのか）　**3つの資質・能力**

学ぶ手応えを味わわせる
教材の開発と展開を

問題解決の過程で
主体的・対話的な取り組みを
実現しながら、
見方・考え方や、知識・技能の
活用の力を育て、学ぶ手応えと
効力感を味わわせる指導を！

見えなかった世界を
開きながら、開き方を学び、
自分の可能性も開きながら
「深い学び」へ

○目標と指導と評価の一体化

これからの時代に求められる資質・能力の実現をめざす目標と指導と評価を一体化した授業のためには、**学ぶ手応えを味わわせる教材の開発と展開**が求められます。

問題解決の過程で、主体的・対話的な取り組みを実現しながら、見方・考え方や、知識・技能の活用の力を育て、学ぶ手応えと効力感を味わわせる指導が求められているのです。

こうした**教材開発と展開によって、見えなかった世界を開きながら、開き方を学び、自分の可能性も開きながら「深い学び」を実現します。**

第1章のまとめ

何ができるようになればいいのか

～何が身につけばいいのか～

「何ができるようになるか」の3つの資質・能力とは？

○生きて働く知識・技能の習得

○未知の状況にも対応できる
　思考力・判断力・表現力等の育成

○学びを人生や社会に生かそうとする
　学びに向かう力・人間性の涵養

目標＝評価

評価にこだわるとは、
子どもの育ちの姿にこだわるということ。

これまで見えなかった世界を開きながら、
その開き方を教える授業が求められている。

これからの目標と指導と評価を一体化した授業のためには、
学ぶ手応えを味わわせる教材の開発と展開が求められる。

教材開発と展開によって、見えなかった世界を開きながら、
開き方を学び、自分の可能性も開きながら
「深い学び」を実現する。

第2章そのための教材開発へ！

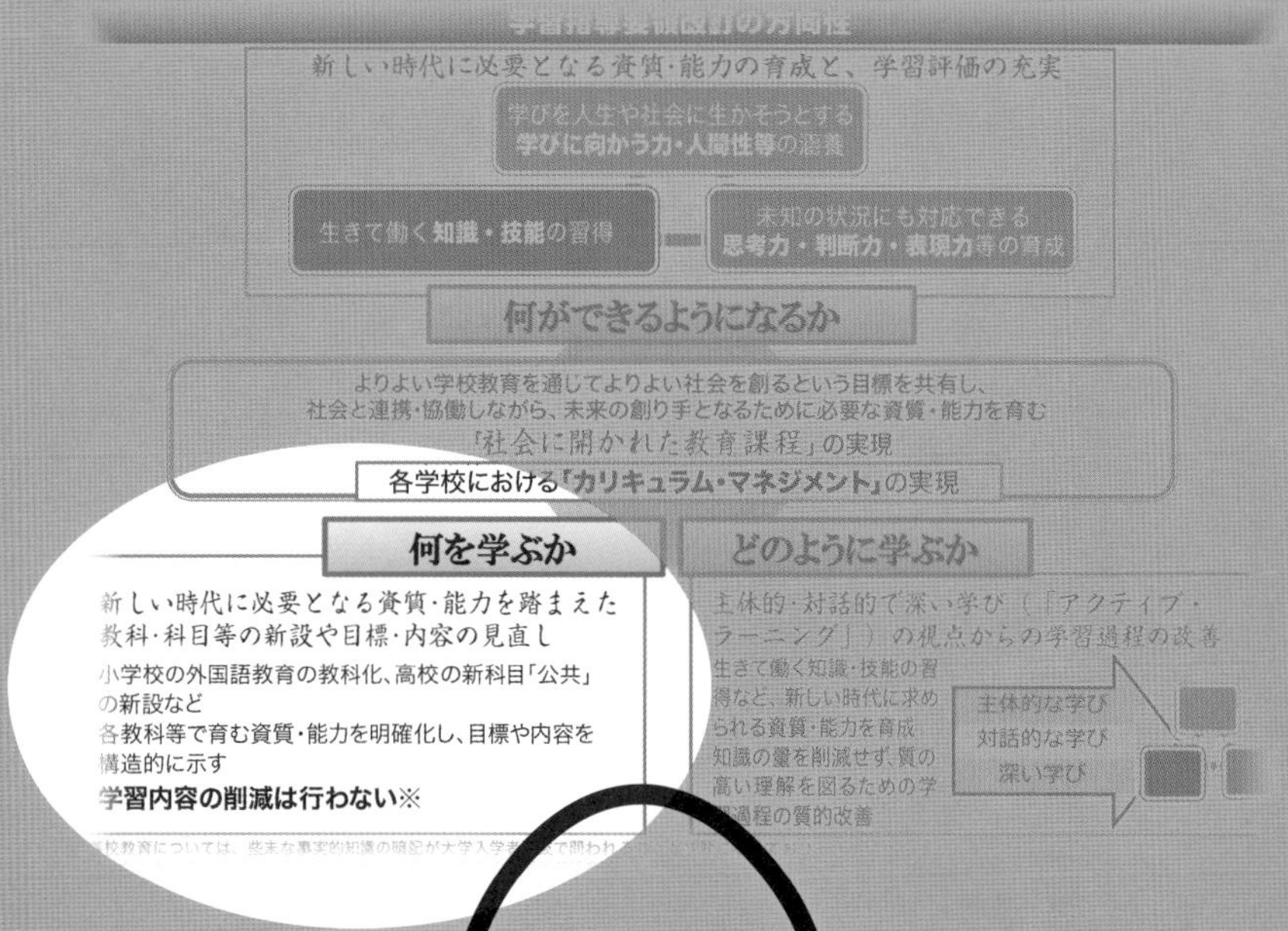
新しい時代に必要となる資質・能力の育成と、学習評価の充実
学びを人生や社会に生かそうとする
学びに向かう力・人間性等の涵養
生きて働く知識・技能の習得
未知の状況にも対応できる
思考力・判断力・表現力等の育成
何ができるようになるか
よりよい学校教育を通じてよりよい社会を創るという目標を共有し、
社会と連携・協働しながら、未来の創り手となるために必要な資質・能力を育む
「社会に開かれた教育課程」の実現
各学校における「カリキュラム・マネジメント」の実現
何を学ぶか
新しい時代に必要となる資質・能力を踏まえた
教科・科目等の新設や目標・内容の見直し
小学校の外国語教育の教科化、高校の新科目「公共」の新設など
各教科等で育む資質・能力を明確化し、目標や内容を構造的に示す
学習内容の削減は行わない※
どのように学ぶか
主体的・対話的で深い学び（「アクティブ・ラーニング」）の視点からの学習過程の改善
生きて働く知識・技能の習得など、新しい時代に求められる資質・能力を育成
知識の量を削減せず、質の高い理解を図るための学習過程の質的改善
主体的な学び
対話的な学び
深い学び

第2章

何を学ぶか

～教科内容の効果的な教材化～

○めざす子どもの姿を実現するために

第1章では、これからの時代・社会に求められる資質・能力、すなわち、何ができるようになればいいのか（目標・評価）について考えてきました。

第2章では、何を学ぶかを考えていきたいと思います。

めざす子どもの姿（目標）を実現するためには、左の図のように、**見方・考え方を核に**考えるといいでしょう。

問題解決の過程で主体的で対話的な取り組みを実現しながら、どのように考えて（論理的・批判的思考力や教科の見方・考え方を働かせて）、知識・技能を活用すれば解決するるか。

このような解決のプロセスを内容とする学習展開が求められるわけです。このプロセスは、**見えなかった教材の世界を開きながら、開き方を学ばせ、自分の可能性を開きながら「深い学び」を実現する授業づくり**と言い換えることができます。

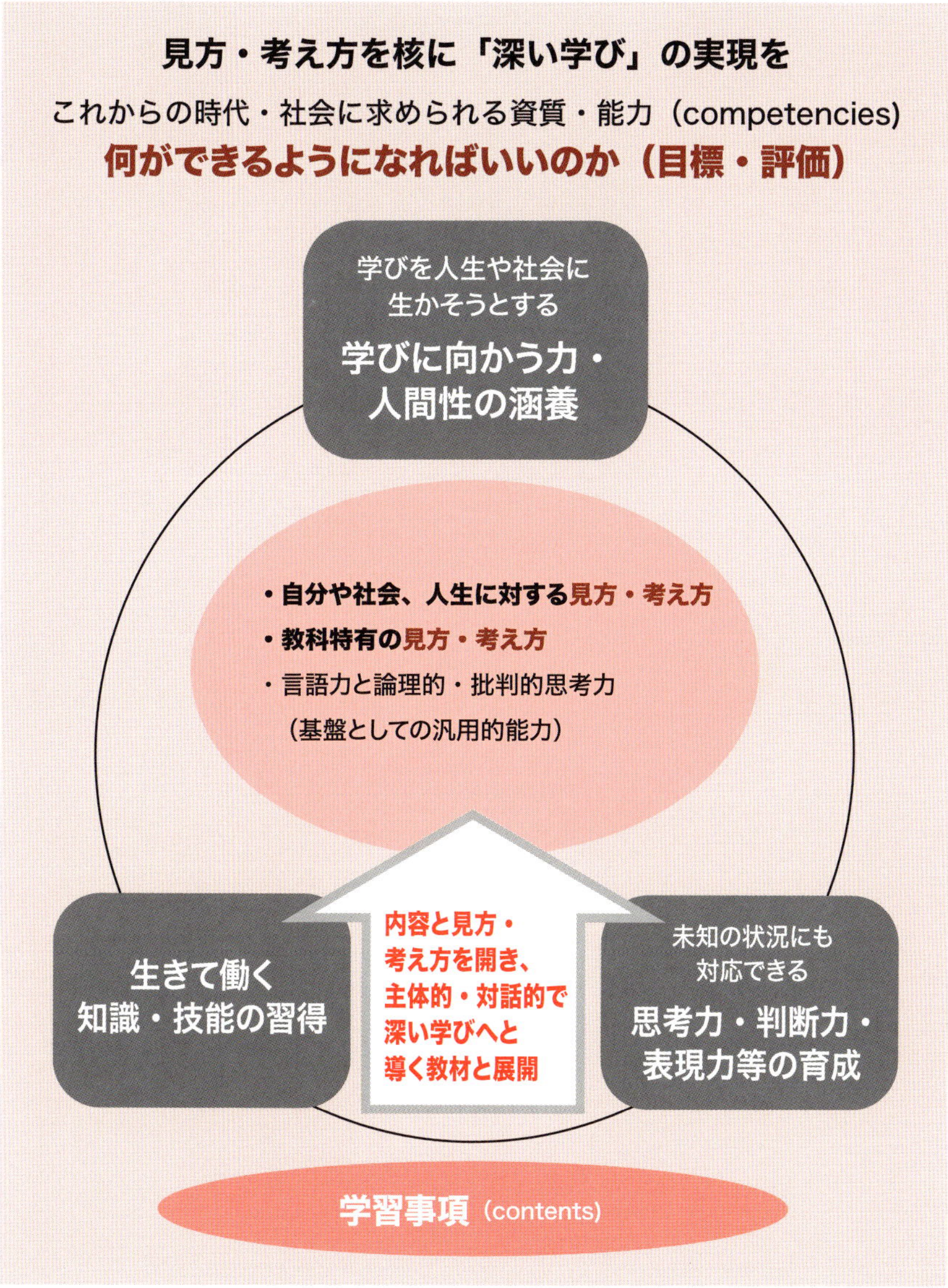
見方・考え方を核に「深い学び」の実現を
これからの時代・社会に求められる資質・能力（competencies)
何ができるようになればいいのか（目標・評価）
学びを人生や社会に
生かそうとする
学びに向かう力・
人間性の涵養
・自分や社会、人生に対する見方・考え方
・教科特有の見方・考え方
・言語力と論理的・批判的思考力
（基盤としての汎用的能力）
生きて働く
知識・技能の習得
内容と見方・
考え方を開き、
主体的・対話的で
深い学びへと
導く教材と展開
未知の状況にも
対応できる
思考力・判断力・
表現力等の育成
学習事項（contents)

○見方・考え方を育成するカリキュラム・単元構成のあり方

知識・技能等をどのように活用して問題を解決するかの判断は、**見方・考え方**にかかっています。

見方・考え方には、論理的・批判的思考力といった汎用的な見方・考え方だけでなく、それを基盤とする、たとえば数学的な見方・考え方、科学的な見方・考え方といった**教科特有の見方・考え方**があります。

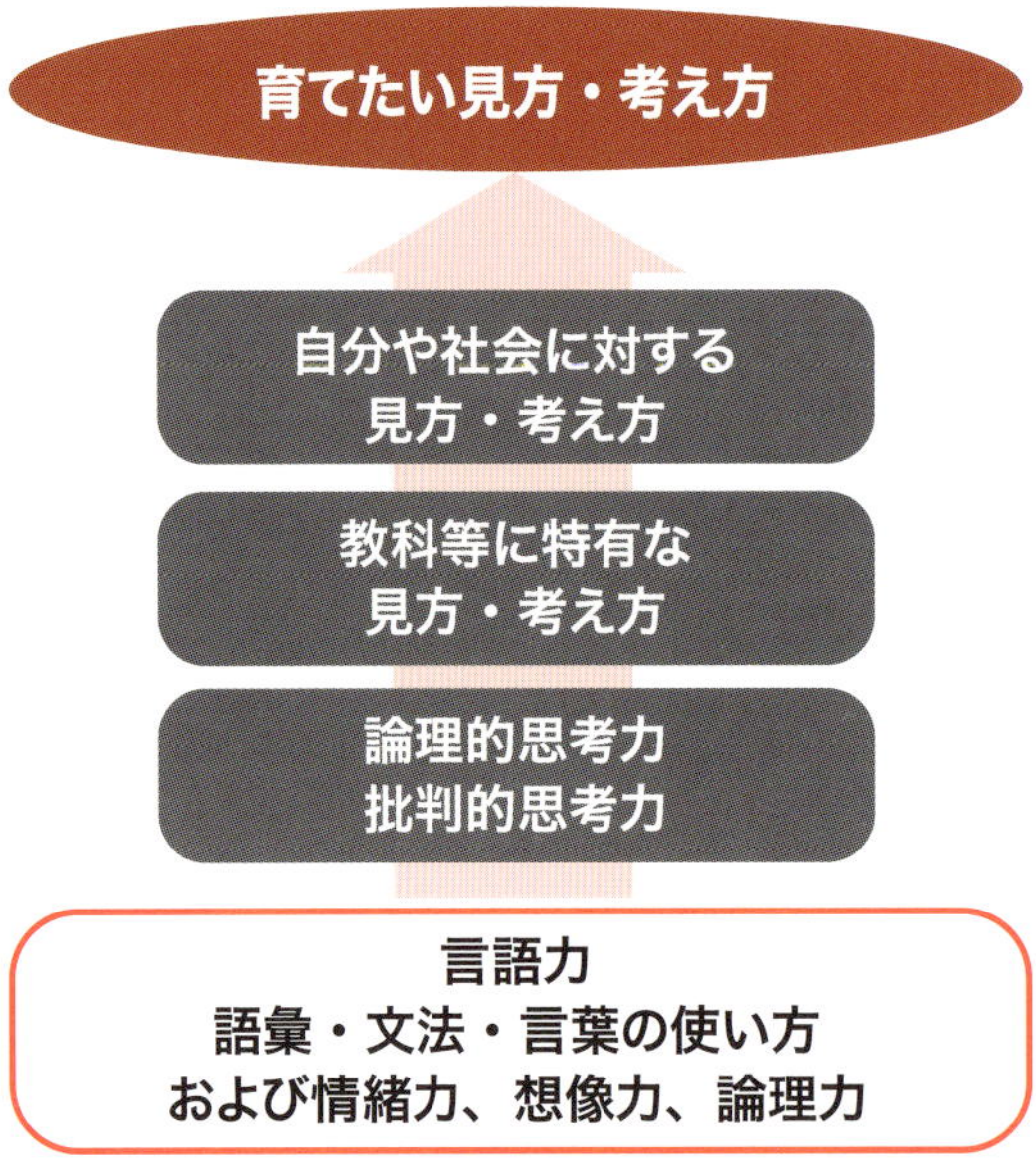

算数科でいえば、問題解決の方法としては帰納、演繹、類推等の見方・考え方があり、内容を構成する見方・考え方には式化、抽象化、統合化、一般化等があります。

さらに、方法の下位概念として

は、問題の数量関係を構造化するためのテープ図や線分図、数直線図、もれ重なりなく場合を数え上げるための樹形図、事象から数値を導き出したきまりを見つけるための表などがあります。

これらの見方・考え方を育成するには、見方・考え方と内容を要素とし、講義型とアクティブ・ラーニング型（ＡＬ型）を統合する単元を系統的に展開するのが効果的です。

見方・考え方（能力）を育成する
これからのカリキュラム構成

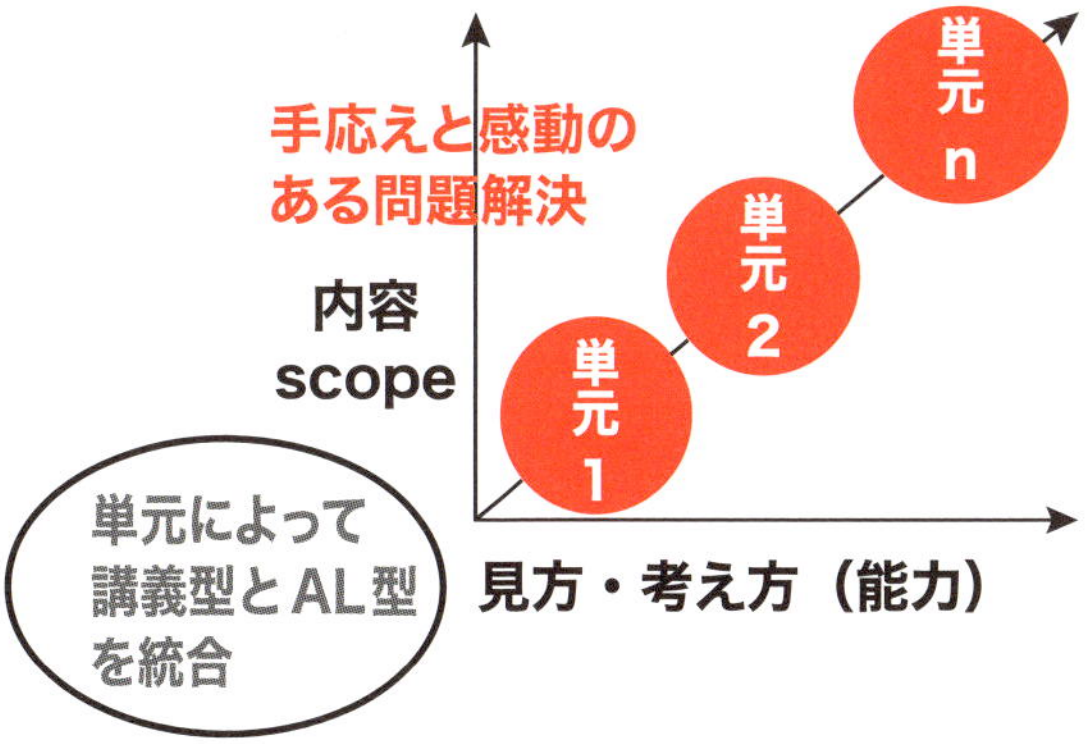

もちろん**汎用的な能力の第一は、言語力**です。したがって、前頁の図を支える下の部分には言語力が必要だということです。「話す・書く・発表する」といった活動は、学習を活性化するための手段にとどまらず、「話す・書く・発表する」活動そのものが、展開のための手段ではなく目的として位置づけられ、その育成にあたらなければならないのです。

○求められる資質・能力を育成する教材とは

見方・考え方、表現のしかたを活用し、思考力を育て、基礎・基本を確実にする**「活用題」**、さらに問題解決のための力を確実にするための適切な質と量の**「適用題」、「練習題」**を準備しなければなりません。

①「生きて働く知識・技能の習得」には、単なる適用題ではなく、**問題解決によって活用する力を育てる「活用題」が必要**です。

それは同時に、基礎的・基本的な知識・技能の理解や習得をより確実にするものでなければなりません。

②「未知の状況にも対応できる思考力・判断力・表現力等の育成」には、論理的思考や教材の見方・考え方さらに結論から導かれた**仮定的思考（もし～だったらというif思考）等**を駆使して問題解決する活用題が準備されなければならないでしょう。

③「学びに向かう力」を育てるには、教育課程全体の成果を統合して、分かる、できるだけでなく、**考える力や粘り強く取り組む力**等も伸ばし、その手応えをほめことば等とともに返して自尊心と知的好奇心を育てることが求められます。そして成長し続ける存在としての自分を確信させ、未来への期待と歩みを奨励することが重要です。

ピンポイントレッスン
活用題とは？

授業	問題解決	①習得したことを活用しての問題解決（対話的）
		②表現活動を活性化しての交流による論理的・批判的思考力の育成（対話的）
		③教師によるまとめ、共有化
	適用題	④「分かった」から「できた」に
家庭学習	練習題	⑤「できた」から「すらすらとできる」ように習熟
授業または家庭学習	活用題	⑥学んだ見方・考え方、知識・技能を活用しての新しい問題解決

• 家庭学習（宿題）の内容については P.117 を参照
• 宿題忘れを減らすには P.83 を参照

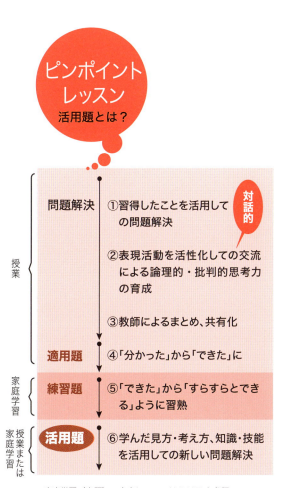

①「生きて働く知識・技能の習得」のための教材とは？

「生きて働く知識・技能の習得」のための教材とは、どんな教材をいうのでしょうか。

第1章でも述べたように、**「生きて働く」が重要であり、活用できない知識・技能では意味がない**わけです。

「生きて働く知識・技能の習得」には、単なる適用題ではなく、問題解決によって活用する力を育てる教材が必要です。

それは同時に基礎的・基本的な知識・技能の理解や習得をより確実にするものでなければなりません。

生きて働く知識・技能の習得のための教材とは、たとえば、プロローグで紹介したような問題です。

改めて考えていきましょう。

ゴリラのモモ（体重100kg）が、
『20％やせる薬』を飲んだら、
80kgになりました。
でも急激にやせてみんなが
心配するので、あわてて
『20％太る薬』を飲みました。
体重はもとに戻るでしょうか。

という問題でした。

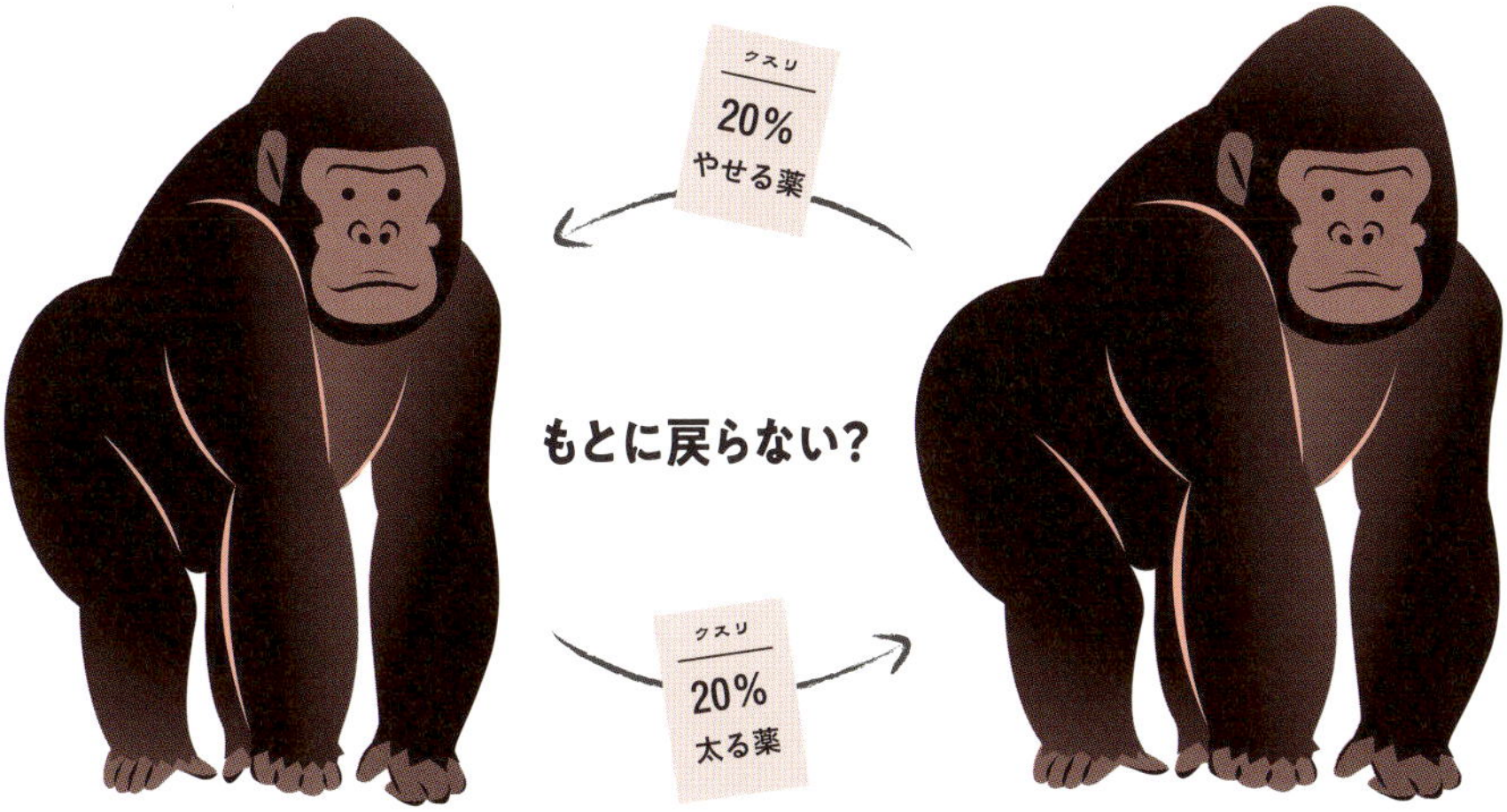

割合というと、苦手意識をもつ子どもが多いのですが、こんな問題を出したら、子どもたちは楽しく考えそうだと思いませんか？

実際、この問題を子どもたちに出すと、とたんに生き生きとしたまなざしで食いつくように見つめてきます。


100kgのゴリラ（モモ）が20%やせたら、80kg。ここまでは、子どもたちもすんなりと納得します。


「でも、**20%太る薬を飲んだら、もとに戻るのかなぁ？**」

「20%と20%だからもと通りじゃないの？」

「いや、なんだかひっかけ問題みたい！」

「うん、なんかおかしいよね」


教室の中はとたんに熱気を帯びてきます。こんな混とんとした時間を味わわせた後で、クラスの状況に応じて授業を展開していきます。

一方で子どもたちの自由な思考活動、表現活動を活性化し、もう一方でねらいをはずさず焦点化していく臨機応変な授業展開です。

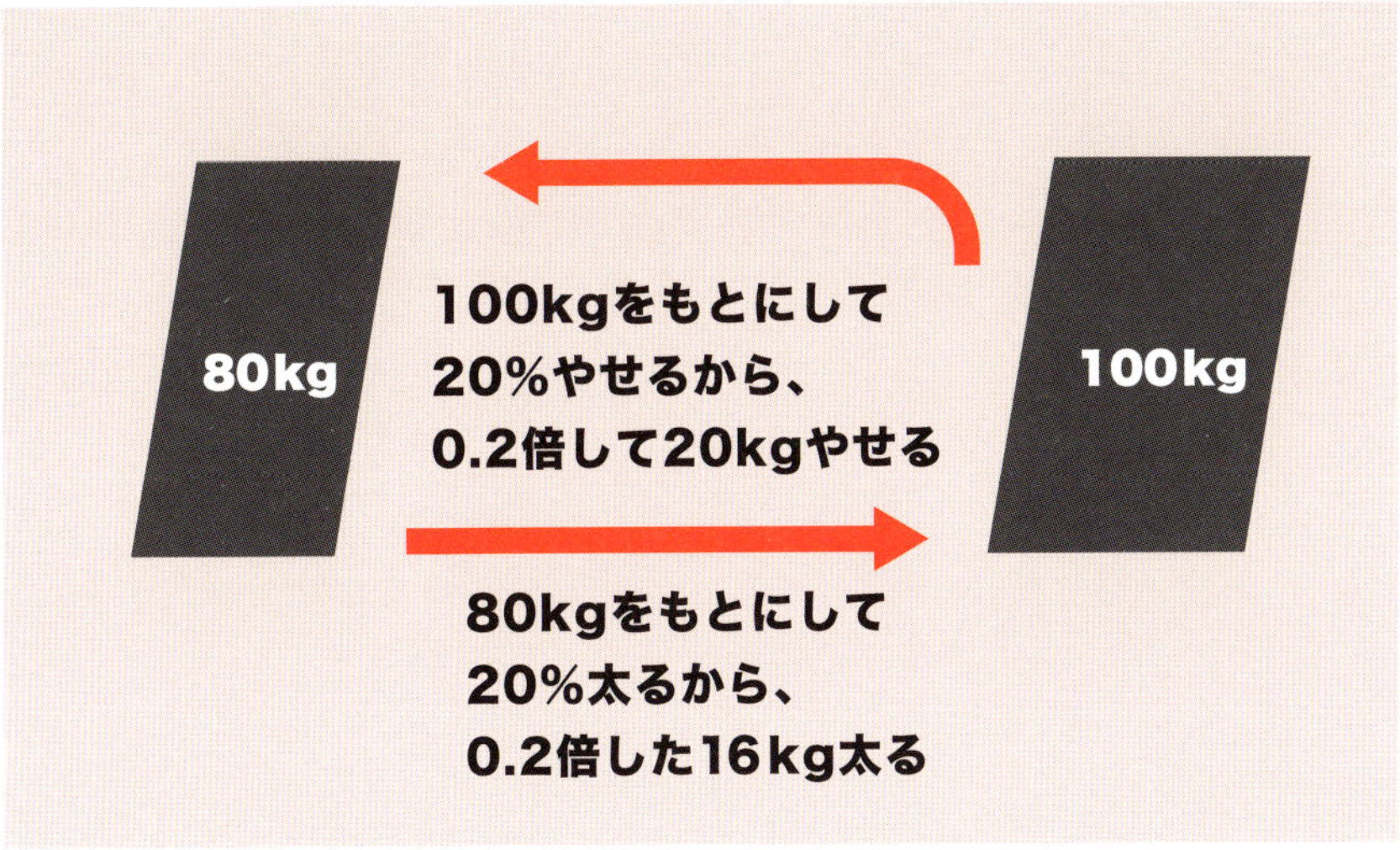

割合とは、もとになる量から比べる量を見たときに何倍になるかを数値で表したものといえます。

もともとのゴリラの体重**100kgをもとにして、20%やせる**ということは、100kgの20%、0.2倍して20kgやせるということですね。

では、80kgのゴリラが20%太る薬を飲んだときにはどうでしょうか。もとになる量は80kgですね。**80kgをもとにして20%増える**ということは、80kgの20%、つまり、

0.2倍した16kg太るということだから、100kgではなくて、96kgになるということです。

この「100kgのゴリラのモモが20%やせる薬を飲んで80kgになってしまった。そこであわてて20%太る薬を飲んで体重を戻そうとしたけれど戻らない」という問題は、**もとになる量が何であり、それをもとに考えていくという割合の見方・考え方を確かめる問題**であるといえます。

この後、「それでは、『何%太る薬』を飲めば、ゴリラのモモはもとの100kgに戻れるのでしょうか？」といった問題によって、**学んだ見方・考え方をさらに活用させる**といいでしょう。

今度はもとにする量が80kgですね。

もとの80kgを□倍したら100kgになることを、このまま式に表してみると、左

A　もとの80kgを□倍したら100kgになる。
80×□＝100
これを解くと、□＝100÷80
＝1.25

B　80kgから100kgに戻すには20kg太ればいいから
80kg×□＝20kgで
□＝20÷80
＝0.25

上のAのようになります。
□＝1.25つまり125％になればいいから、25％太る薬を飲めばいいということになりますね。

Bのように考える子もいます。
80kgから100kgに戻すには、20kg太ればいいから、
80kg×□＝20kgと考えて
25％太る薬を飲めばいい。
この考えもいいですね。Bの考えもクラスに広めた後で、
もとに戻るかどうか、確かめ直しておきましょう。

80kgにやせてしまったモモが25%太る薬を飲んだら、80×0.25＝20で、20kg太り、もとの100kgのモモに戻ることができました。

この問題は、先にも述べたように、割合とは、「もとになる量から比べる量を見たときに何倍になるかを数値で表したものである」という見方・考え方を確かなものにす

るねらいをもった問題です。

　また、既習事項の活用による新しい知識・技能の習得に適した問題だと考えています。

　そして何より、子どもたちが主体的に、つまり自分ごととして勉強に取り組む、**生きて働く知識・技能の習得のための教材**だと考えています。

生きて働く知識・技能の習得のための教材としては、こんな問題も考えられます。

下の台形の中で、同じ面積の三角形はどれでしょう。
そのわけも説明しましょう。

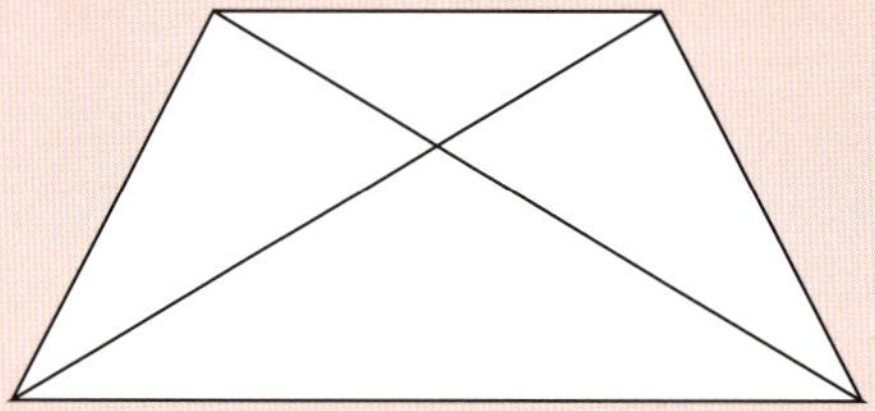

この問題を提示したとき、子どもたちはどんな反応をするでしょうか。
「右と左の三角形の面積が同じ!」
「右と左ってどれ?」

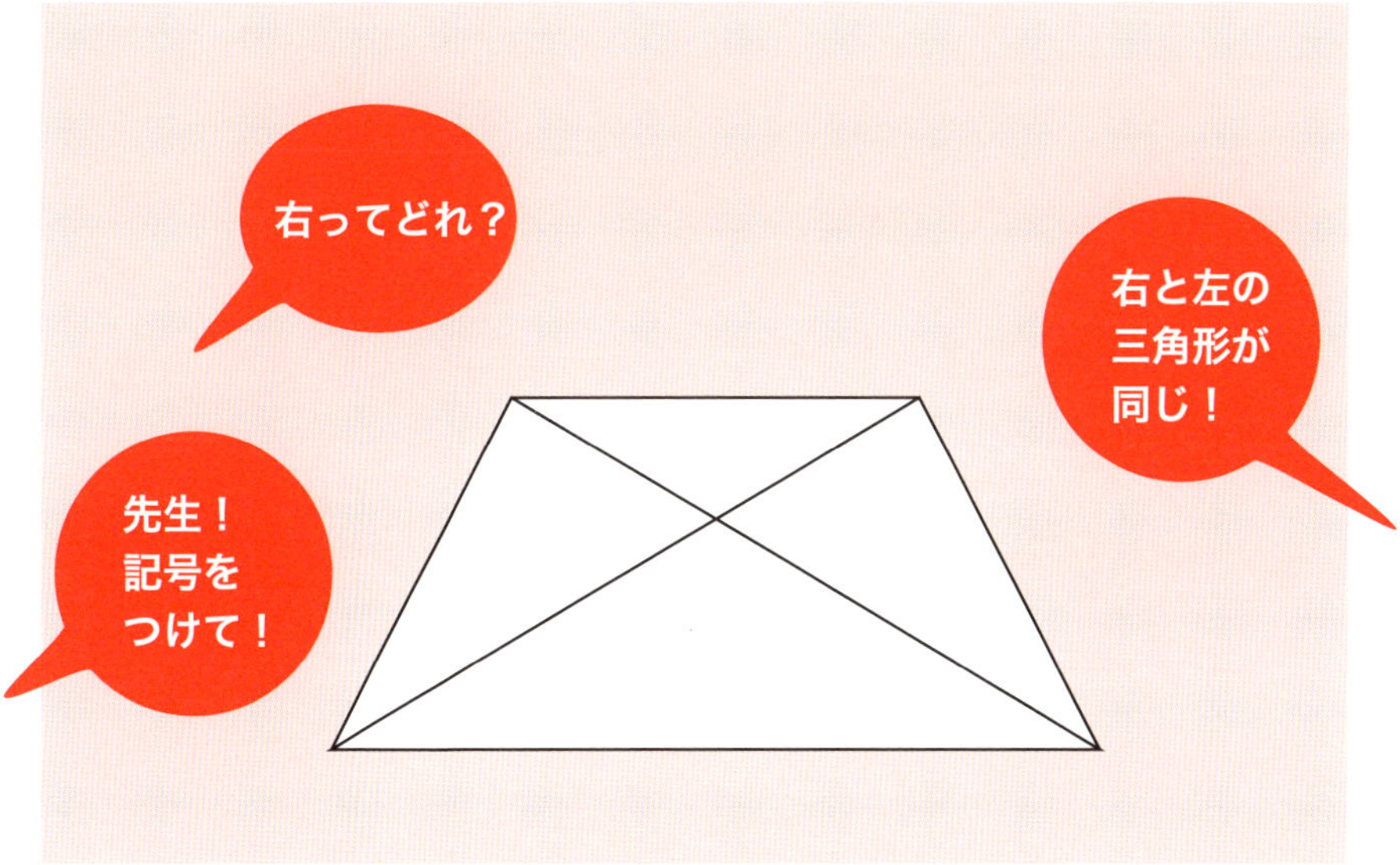

「右側の小さい三角形と左側にある小さい三角形は同じでしょ？」

「重なっていないところ？」

「重なっているのも同じだよね」

「うん、同じだけど、どっちを言っている？」

こんなやりとりがあったあとで、「先生、記号をつけてくれないと、言いにくい！」といった声が出てくるでしょう。

ことばで説明するときには、図に記号が振っていないと不便だ、ということを実感させてから、図に記号を振ります。

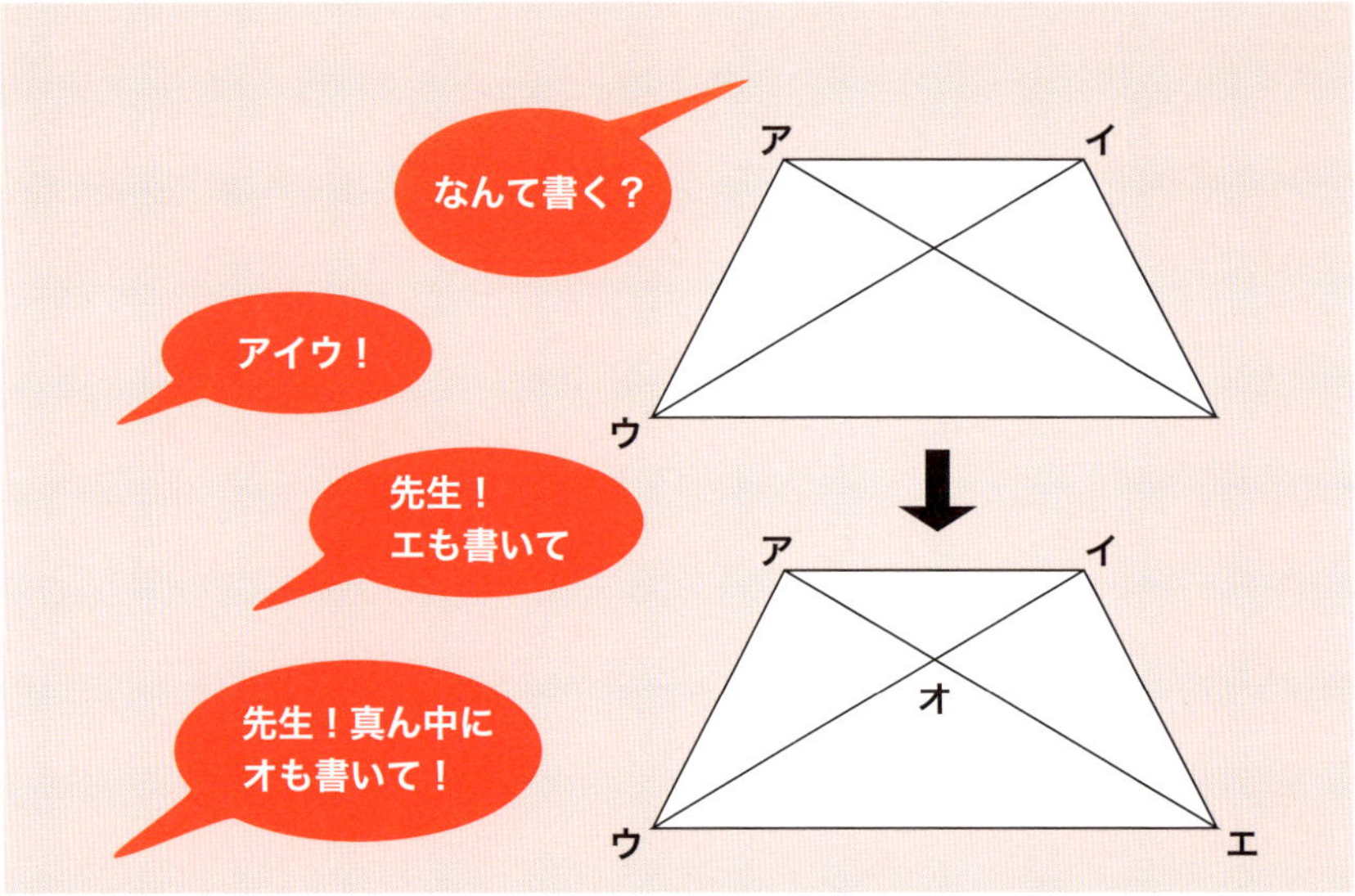

このときも、子どもたちの声を大事にしながら記号をつけます。

「なんて書けばいいの？」とたずね、子どもたちが「アイウ」と言えばアイウを、「ＡＢＣ」と言えばＡＢＣと振っていきます。

上に示したように、子どもの声を待ってから動きます。お膳立ては整えておくが、いつも教師から与えるのではなく、子どもの必要感を導き出し、示したり、考えさせたりしながら進めていくよう心がけるといいでしょう。

教えて考えさせるのではなく、教えながら考えさせる、考えさせながら教えていくのです。

授業中のこうした少しの心配りで、子どもが主体的に、自分ごととして動くきっかけづくりができることも覚えておきたいものです。

「三角形アウエと三角形イエウが同じ」

「△アウエと△イエウが同じ、と書いておこう」

「それなら△アオウと△イオエも同じ」

「どうして？」

「だって…」

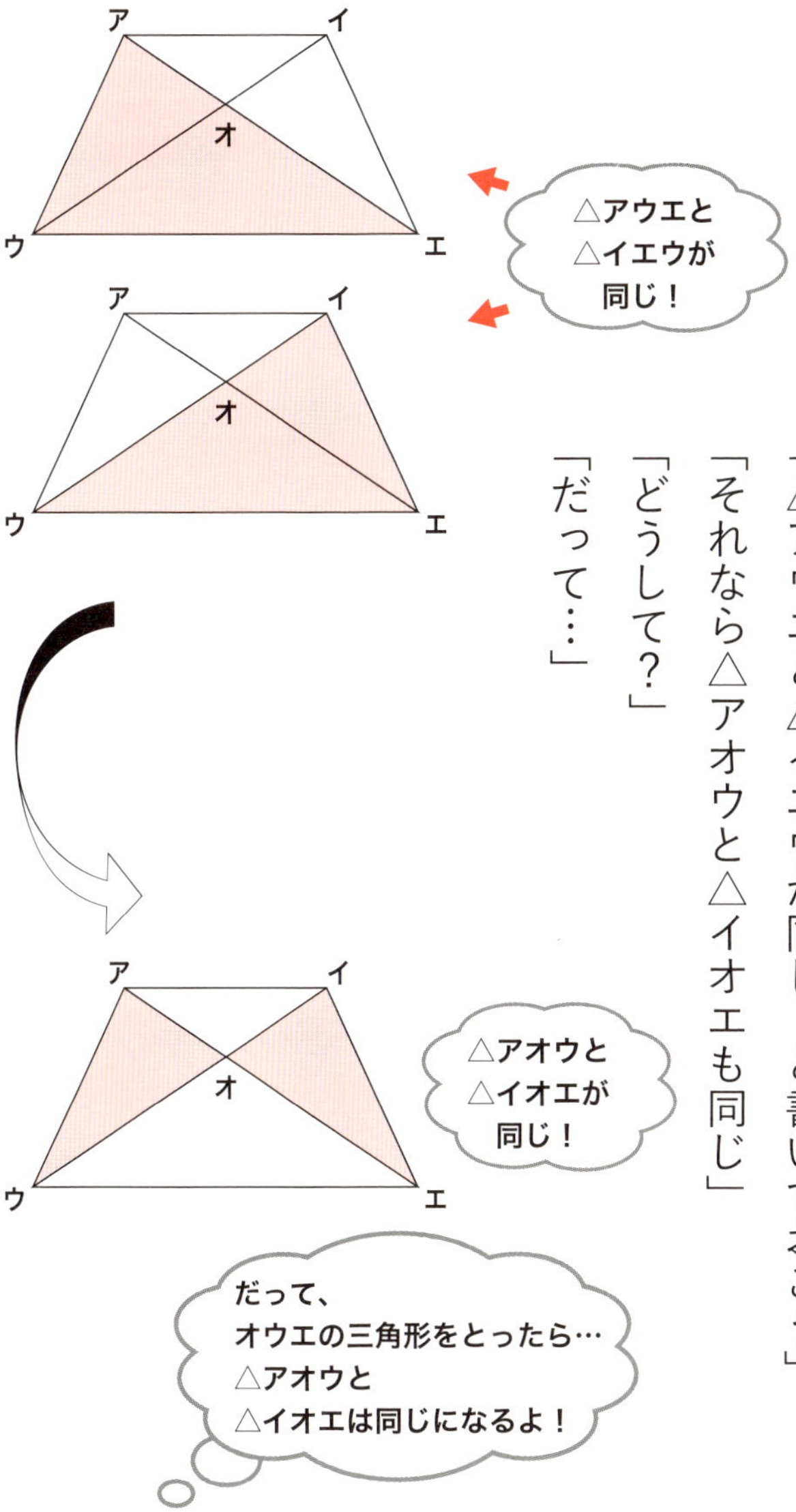

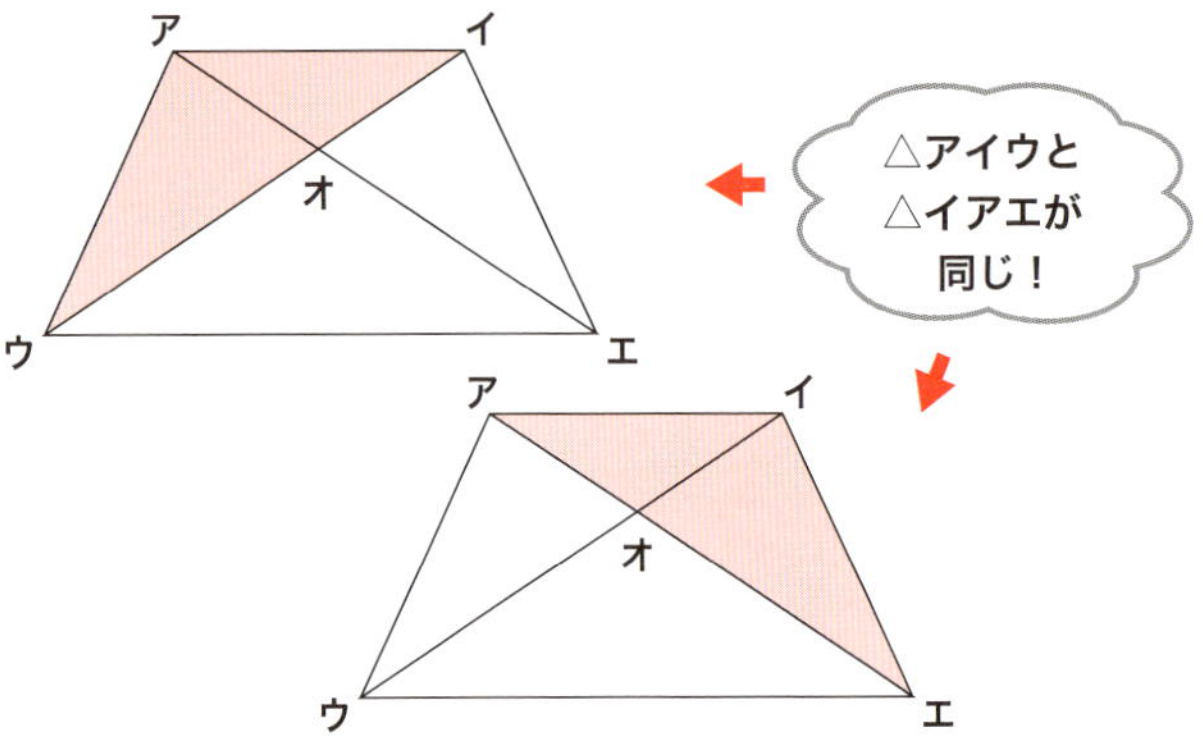

子どもたちに説明をさせると、なかなかことばがつながらなかったり、思いが伝わらなかったり、記号を言い違えたり、まどろっこしい状況が生まれるはずです。

そんな状況になると、つい教師がうまくまとめてしまいがちですが、待つべきところは待ち、引くべきところは引いて、子どもの思考を言語化させるように心がけたいものです。

三角形アイウと三角形イアエのように、対応する順に言うと伝わりやすいことを実感させてから、対応する頂点の順に表記することを教える、そのひと手間で子どもたちが自分ごととして勉強に取り組むきっかけづくりにもなるのです。

底辺と高さが同じなら面積は等しい。これは**演繹的な考え方**です。

また、等しい面積の三角形から同じものを取り除いた残りの三角形の面積は等しい。これは**論理的な考え方**です。

このように、**演繹的思考と論理的思考によって、子どもたちが活用の範囲を広げていく**様子が想像できると思います。

同時に、**基礎的・基本的な知識・技能の確実な定着も兼ねるような教材の開発**こそが重要であると考えています。

算数のことば ちゃんと理解して使っていますか？

論理的思考（ロジカルシンキング）とは？
批判的思考（クリティカルシンキング）とは？

順序立て、筋道立てて考えていくのが**論理的思考**。これをもとに、誤りを正したり、不備を補ったりしていくのが**批判的思考**。授業中の交流の場面は、これらを同時に育てるトレーニングの場である。

帰納的思考とは？

多くの事実から類似点をまとめて結論を導く思考。
表にまとめてきまりを見つける活動等。

演繹的思考とは？

論理（分かっていること）をつなげて結論を導く思考。
表から見つけたきまりを、どうしてそうなるのかと理屈でわけを考えさせていく活動等。

アブダクションとは？

問題解決の見通しを立てるための**仮説的推論**。
条件を書き出し、結論からこれがこうなるのならと if 思考（もし～だったら）を働かせ，仮説を立てるためのもの。
これを働かせることが、未知の状況にも対応できる思考力・判断力・表現力等の育成の要である。

（算数のことばについては、拙書「これだけは知っておきたい！『算数用語』ガイド―教材研究と授業づくりのために―」文溪堂　で詳しく紹介しています）

②「未知の状況にも対応できる思考力・判断力・表現力等の育成」のための教材とは？

～ゼロベースの知識からでもアプローチし、問題を解決する力を育てる教材～

ルーティンではない状況においても、ゼロベースの知識からアプローチして問題を解決する能力が、これからの時代に求められる思考力・判断力・表現力等と考えます。

こうした未知の状況にも対応できるための思考力・判断力・表現力等の育成のための教材とは、どんなものでしょうか。

たとえば、次の問題は、「底辺と高さが等しければ、三角形の面積は等しい」ことから**論理的に演繹して導き出される見方・考え方**によって解決する問題です。

この四角形を
同じ面積の三角形に
変えるとしたら、
どんな方法が考えられますか?

いかがですか?
パッと思いつきますか?
この問題は、「三角形の面積」の学習時に、次のような学習内容の発展として位置づけておくと効果的です。

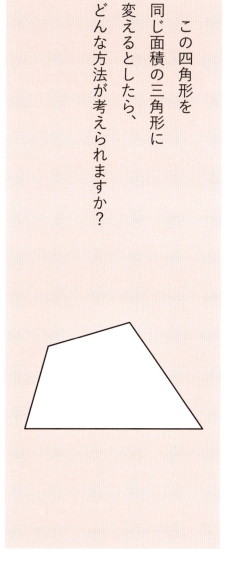

面積が 12㎠になる三角形をつくろう

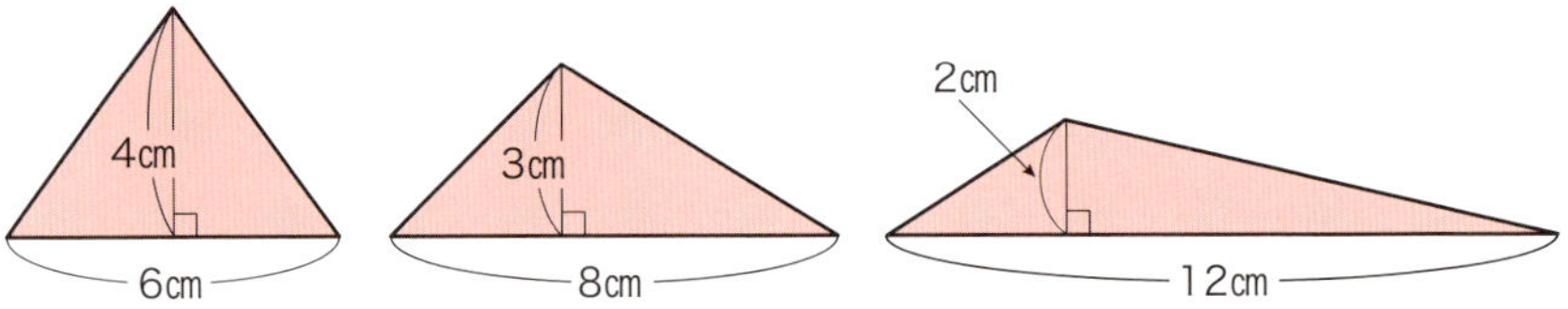

まず「面積が12㎠になる三角形をつくろう」では、いくつもの三角形ができます。このように答えがいくつもあり、どれもが正解という学習活動を子どもたちはあまり経験していません。

ほとんどの子どもが、答えの発表の前に公式に当てはめて面積が12㎠になるかどうかを確かめてから発表します。それだけで面積を求めるという基礎的・基本的な知識・技能の習得をより確かにしているといえます。

1つの高い価値に向かっての収束的な思考（練り上げ）だけが、学び合い・高まり合い、知的な協働作業ではありません。

「へえっ、あんな高い三角形もできるのか」

「高さが低くても底辺が長ければ12㎠の三角形になるんだね」

面積が等しい三角形をつくろう

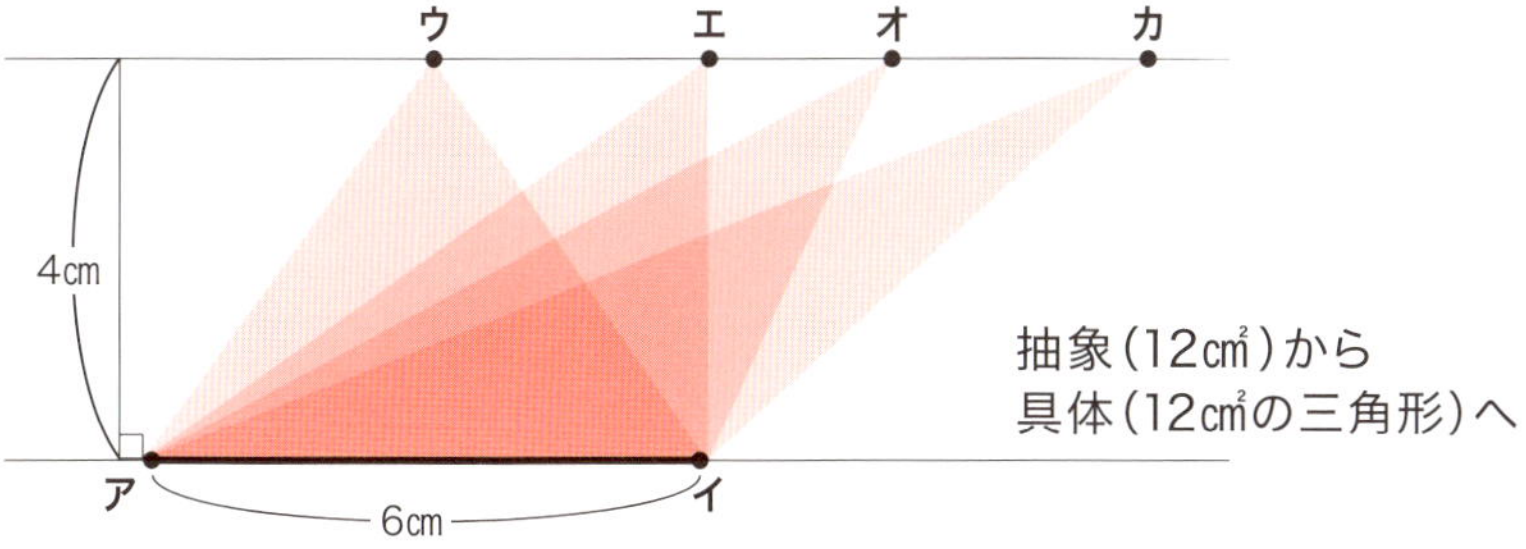

一人ひとりの考えや意見、一人ひとりの成果が目的として処遇される、こうした拡散的な思考による成果の交流という学習活動です。

さらに、その中から底辺が6㎝、高さ4㎝の三角形をつくり、並べてみると、当然のことながら底辺と高さが等しければ形状が違っても同じ面積の三角形になることがよく理解できます。

多くの具体から抽象へのゆるやかな抽象化が算数指導の定石ですが、抽象化した後、今度は抽象から具体をつくるという教材も効果的です。

これは、正解が1つではなく、先ほども述べた通り、個性的な考えがすべて正解であり、概念の裾野を広げ、対話的に学習する手応えを味わわせる教材でもあります。

また、タブレットを使用しての学習としても、このような問題解決が最適であり、平行線間の距離は等しい、といったことを視覚的にも確かめる効果的な学習活動といえます。

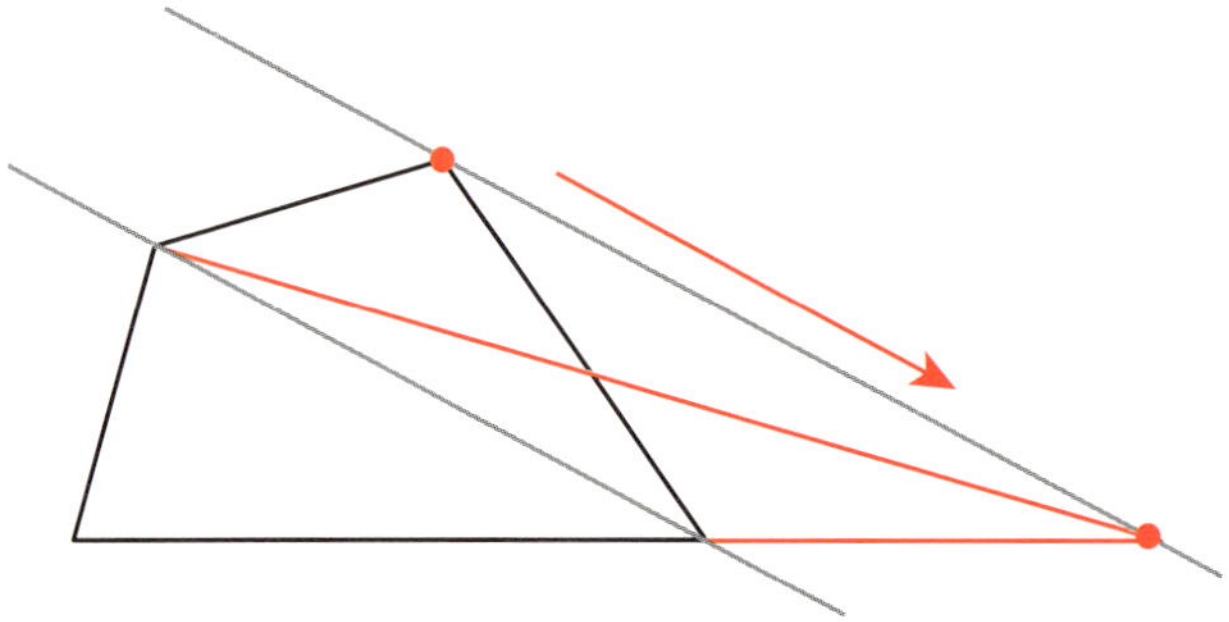

さて、このような学習活動を経たうえで、四角形を同じ面積の三角形に変身させる問題を改めて見ると、見え方が変わってきませんか?

上のように対角線と平行な直線を引き、三角形の頂点を取れば、四角形を同じ面積の三角形に変えることができます。

「三角形の面積は、底辺と高さが同じなら等しい」

「平行線間の距離は等しいので、底辺が同じなら頂点を平行線上に移動した三角形はどれも同じ面積である」

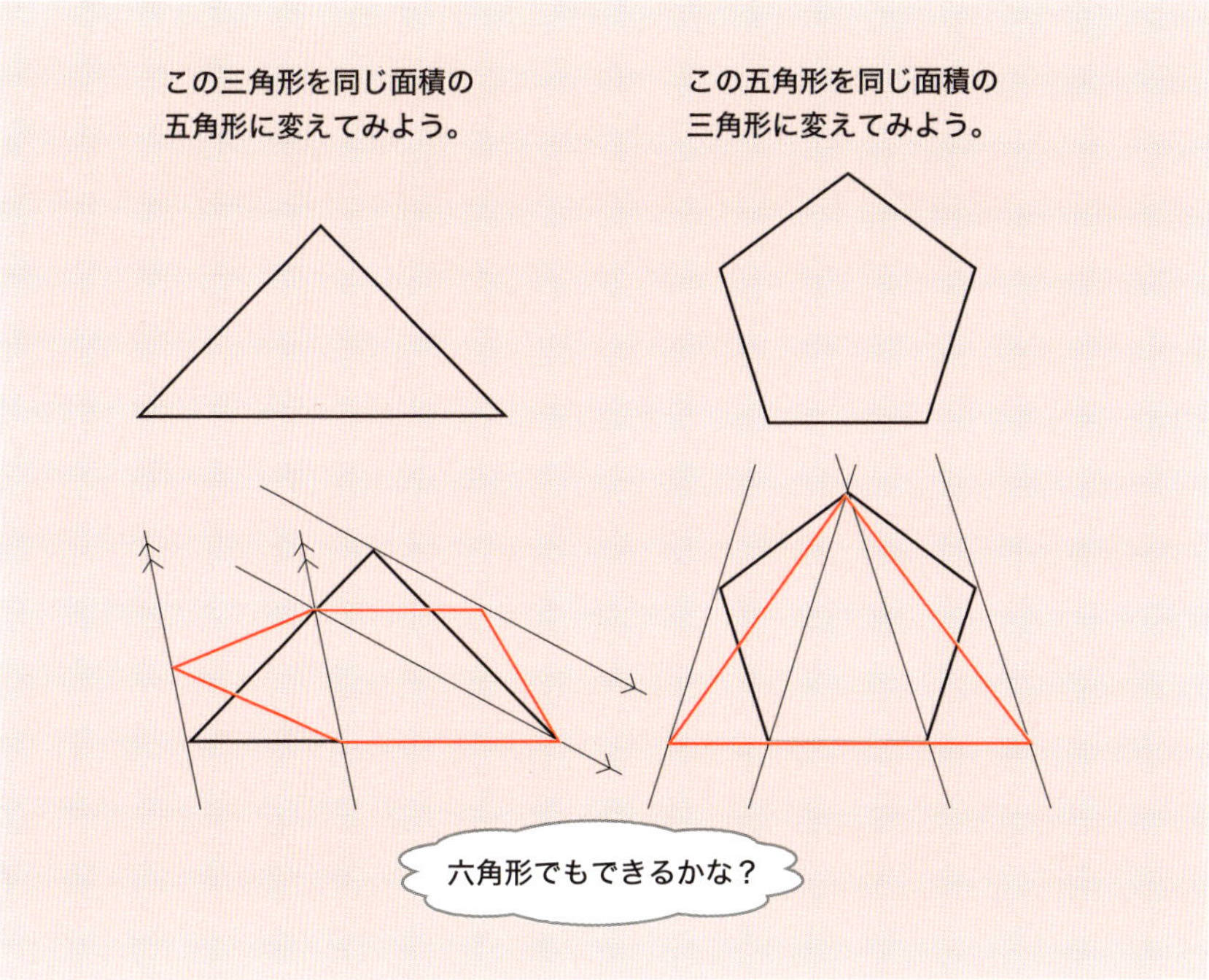

この演繹的な考え方を用いて解決する問題は、上のように発展させることもできます。

このような問題だけでなく、同様の教材は平行四辺形、台形でもつくることができ、それぞれの図形の面積の理解を確実にするものでもあります。

未知の状況にも対応できるための思考力・判断力・表現力等の育成のための教材としては、次のような問題も適しています。

金貨が8枚あります。
この中に本物よりも少し軽い、にせ物が1枚入っています。
天秤ばかりを使って、にせ物を見つけるにはどうすればいいですか。
ただし、天秤ばかりの使用は2回までとします。

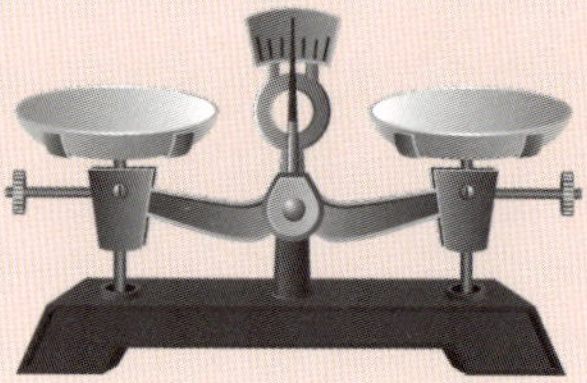

いかがでしょうか？　子どもたちはどんな反応を示すでしょうか。

「4枚ずつに分けてはかると、にせ物が入っている軽いほうが上に上がるでしょ？」

「軽いほうの4枚に、にせ物が入っているのが分かったら、今度はそれを2枚ずつにして…」

「でも、天秤ばかりは2回しか使っちゃいけないんだよ」

「3回使えるならはかれるけど…」

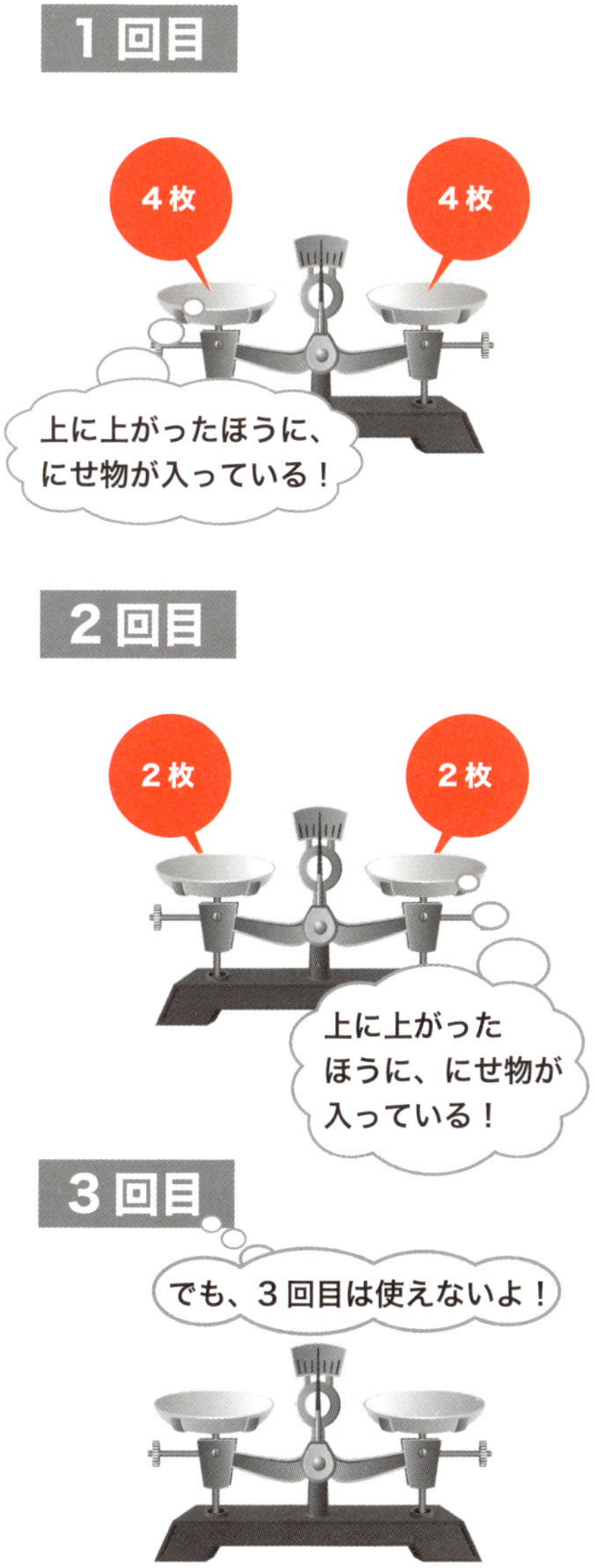
1回目
4枚
4枚
上に上がったほうに、にせ物が入っている！
2回目
2枚
2枚
上に上がったほうに、にせ物が入っている！
3回目
でも、3回目は使えないよ！

これではちょっとハードルが高いな、と感じたら、まずは、金貨の枚数を3枚に、天秤ばかりの使用を1回にして考えさせてみてください。

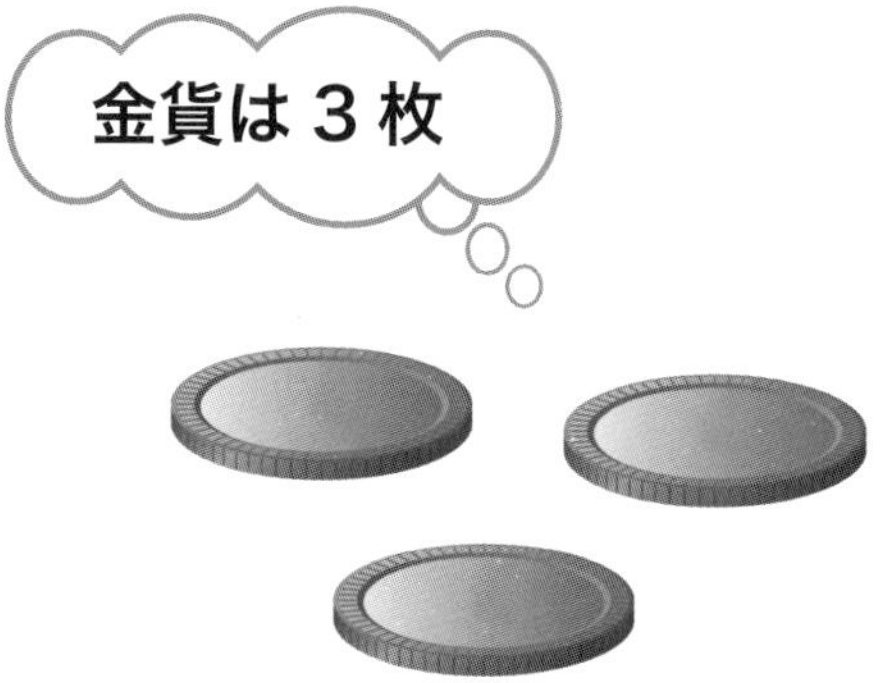

「金貨は3枚だから、3枚のうちの2枚を選んで1枚ずつのせたらどう?」

「もしも天秤が上がったら、その軽い金貨がにせ物になる!」

「もしも天秤が釣り合ったら、はかりにのせなかった1枚がにせ物!」

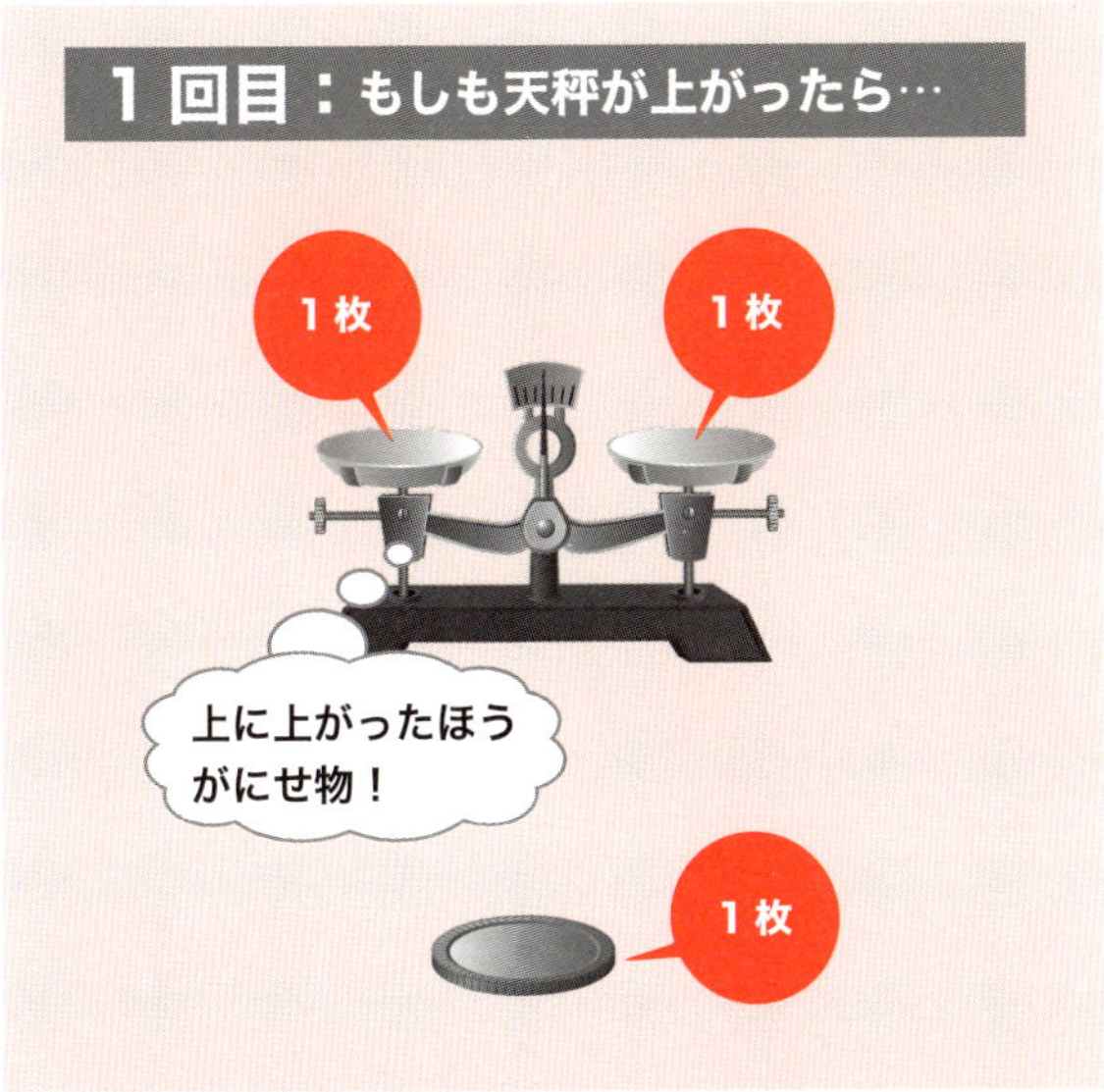

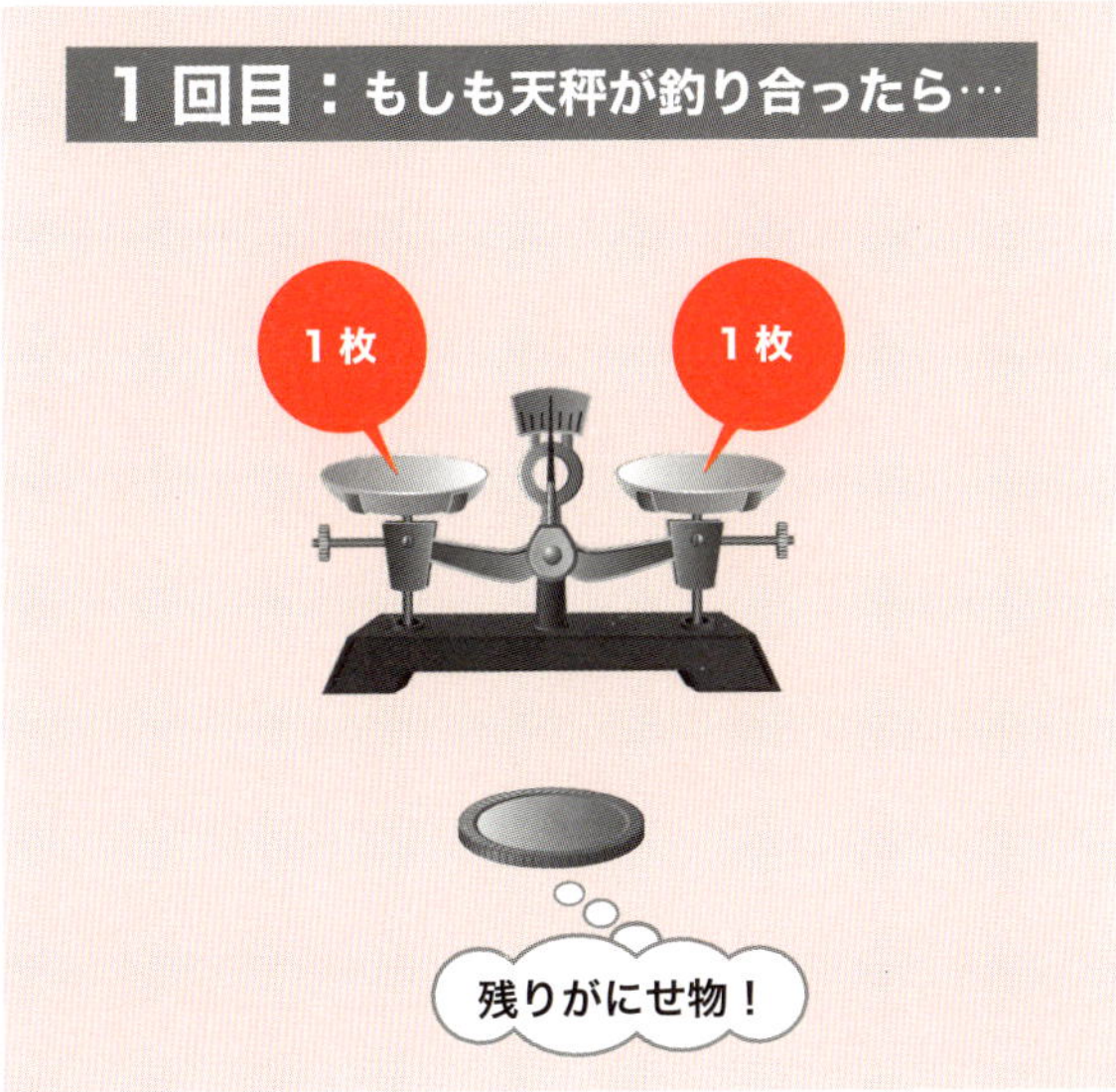

この問題で育てる見方・考え方は、**もし〜だったらと考える「if思考（仮定法）」と論理的思考**によって問題を解決する力です。

目の前の子どもの状況に応じて、「if思考（仮定法）」のトレーニングが必要だと感じたら3枚の金貨の問題から入るといいでしょう。

3枚の金貨の問題を先にすれば、8枚の問題に対するとらえ方も変わってくるはずです。


「4枚ずつに分けてのせると、2回では無理だよね」

「3枚ずつのせたらどうかな?」

「3枚ずつにして、2枚は残しておくの?」

「もしもどちらかが上がったら、上がったほうの3枚のうちの1枚がにせ物」

「もしも釣り合ったら、残った2枚のうちのどちらかがにせ物」

「あ、それなら2回で見つけられるかも!」

1回目：もしも天秤が上がったら…

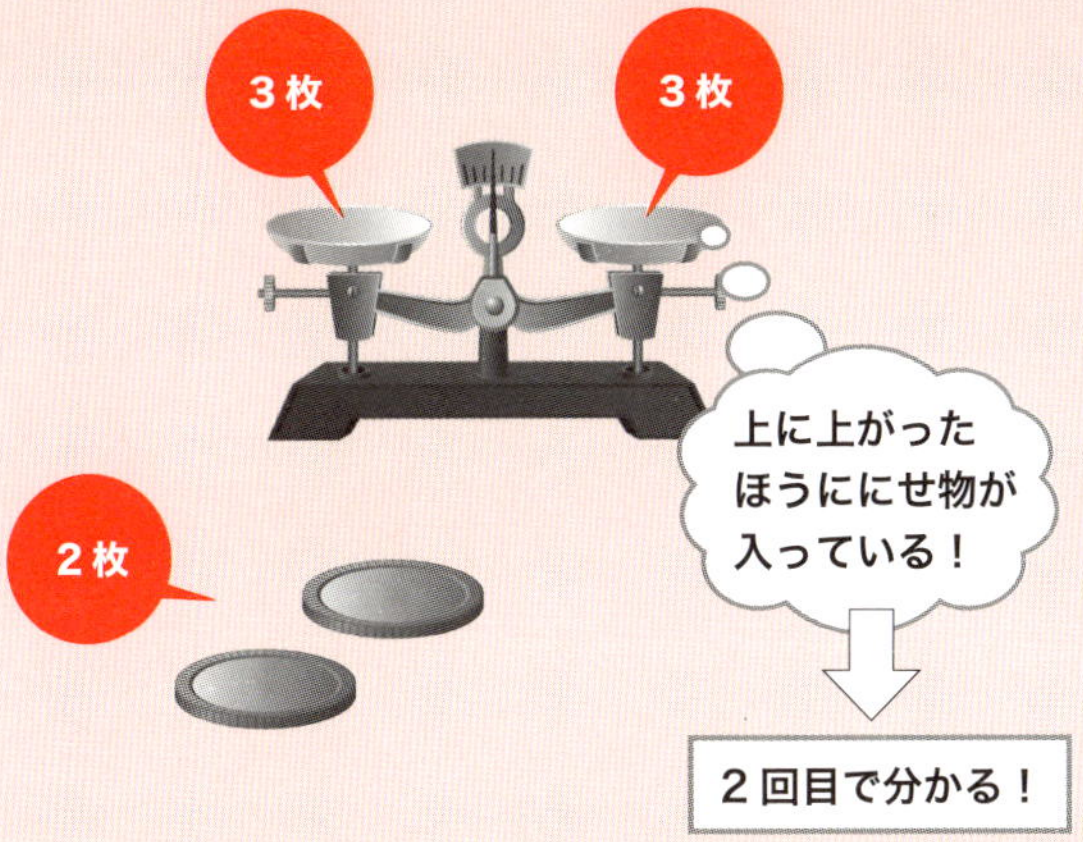

1回目：もしも天秤が釣り合ったら…

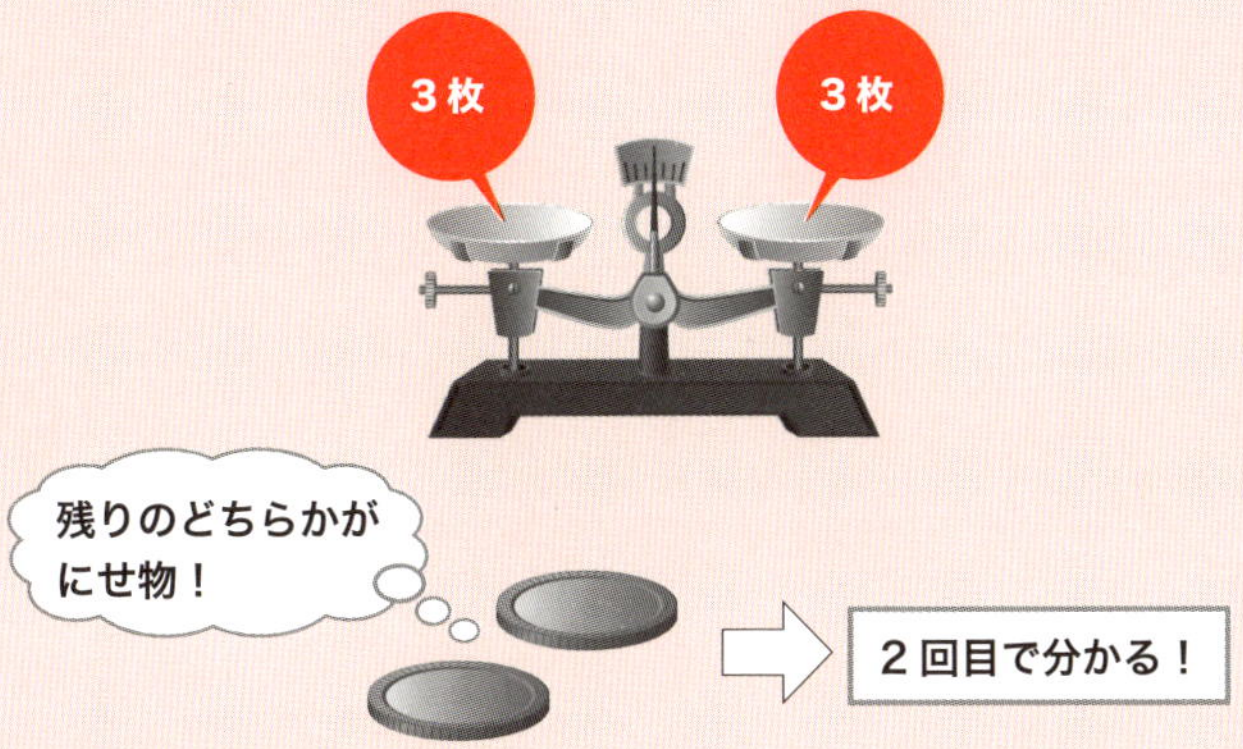

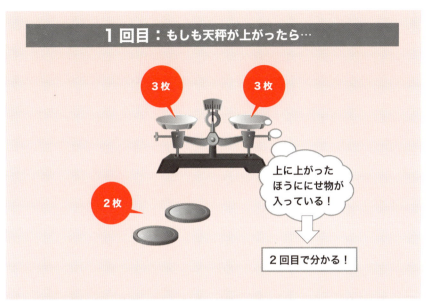

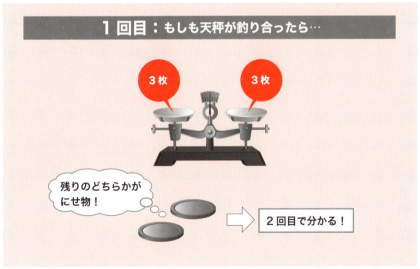

にせ物が1枚入っています。どれでしょうか。
にせ物は本物より少しだけ軽いそうです。

if 思考・論理的思考のトレーニングが必要なら

金貨は 3 枚で、天秤ばかりは1回だけ使えます。

活用題 B

振り返ってまとめてみよう。
3枚のうち、2枚を選んで
・にせ物が入っていたら
・にせ物が入っていなければ

if 思考によるアブダクション（仮説的推論）

金貨は9枚で、天秤ばかりは2回まで使えます。

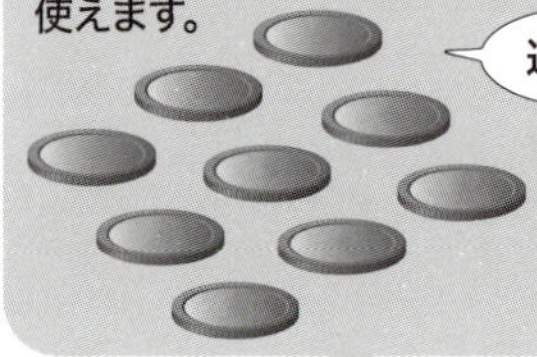

適用題

問題解決からストレートに入るなら

金貨は 8 枚で、天秤ばかりは2回まで使えます。

活用題 A

問題解決のアプローチの**振り返り**
if 思考によるアブダクションの振り返り
①4枚ずつに分けて、だめだったら
②3枚ずつのせて、
・どちらかが上がったら、3枚のうちの
・釣り合ったら、残りの2枚のうちの

金貨 10 枚なら、天秤ばかりは
何回使えばいいでしょうか。

発展題

3枚の問題からの場合は、9枚の問題以降は家庭学習も可。家庭学習なら自分のペースで時間も忘れて取り組め、解けた喜びと学ぶ手応えを感じられるから。

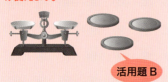

問題を解決した後の振り返りによって、〇枚のうち、〇枚を選んでにせ物が入っていたら…というように、**if思考から順序よく、論理的に考える力**、友達に分かりやすく説明する力と、説明を理解し、補足や分かりやすく言い直す力、すなわち論理的思考、批判的思考を育むことができます。

また学び合う力の高まりが期待できることもお分かりいただけると思います。

未知の状況にも対応できるための思考力・判断力・表現力等の「等」には、粘り強く取り組む力や、嫌なことでもすぐに逃げ出してしまわないで**がんばる力（コーピング）、ネガティブな感情と向き合い克服する力**等々があります。

目の前の子どもの実態から必要な力を洗い出し、授業の目標にあげて**つけようとしなければつかない力である**ことも肝に銘じていただきたいと思います。

③「学びを人生や社会に生かそうとする学びに向かう力・人間性の涵養」のための教材とは？

「学びに向かう力」を育てるには、教育課程全体の成果を統合して、分かる、できるだけでなく、**考える力や粘り強く取り組む力**等も伸ばす必要があります。その手応えをほめことば等とともに返して自尊心と知的好奇心を育てることが求められます。

学びに向かう力の育成のための教材とは、実は、どの教材でもあてはまるといえるのかもしれません。たとえば、生活科の例で考えてみましょう。

生活科で河原に行ったときのことです。

生き物を探すと、オタマジャクシ、カワエビ、カダヤシ、ザリガニ、タニシがいました。

「教室に持って帰って育て、他のクラスの人に見せたい」という子どもたちの要望で、持ち帰り、育てることになりました。

「えさと、すみかはどうするのか」図鑑を見たり、もといた場所のまわりを探したりと、育て方を調べ、なんとか準備ができました。

でも、タニシのえさがどうしても分からず、仕方なくもとの場所に返しましたが、このあとの展開が予想外でした。

「先生、図鑑にザリガニのえさはスルメってあったけれど、もといた場所の近くにはないよね。きっといろいろ与えて、好物を見つけたんだね」

それから子どもたちのえさ探しがはじまり、その結果、ザリガニが立派に育つえさとしてドッグフードを見つけたのです。

やってみたいことや、やらずにいられないことが膨らんでいく中で、これまで習得した知識や技能を駆使して問題に取り組む。その結果得られる成功の喜びと学ぶ手応えこそが、「学びに向かう力」を養っていくのです。

この子どもたちは、この後も、どんな生き物でも育てていける力を得ることになりました。

すみかはもといた場所を再現する。えさはもといた場所のまわりで探すか、近くにいた生き物のえさから始めて試していき、見つからなければもとの場所に帰せばいい。

自分ごととしての問題解決に、知的好奇心と探究心で粘り強く取り組み、解決や自分のあり方を振り返ってのメタ認知的な学びこそが、学びに向かう力・人間性を涵養するための教材であるといえましょう。人生とは、社会や文化の中での自己実現のプロセスであり、これはその歩みの力に他なりません。

新しい時代に必要となる資質・能力を育成するための教材について考えてきました。これらの教材を含め、改めて教育方法をまとめると、次のようになります。

新しい時代に必要となる資質・能力を育成するための教育方法

生きて働く知識・技能の習得のために

①既習の活用による新しい知識・技能の習得
- 活用による自力解決力とともに、粘り強く取り組む力を育てる効果的なヒントカードと十分な時間の確保を

②知識・技能の活用範囲を広げる「活用題」で（適用題ではない）
- 活用の範囲を広げるとともに、知識・技能も確実にする活用題の開発を

未知の状況にも対応できる思考力・判断力・表現力等の育成のために

①「活用題」を発展させての問題解決を
- 結論から仮定法（if 思考）で解決の見通しを
- ノン・ルーティンな問題に対しゼロベースからのアプローチと、論理的・批判的な思考によって

②解決を振り返って認知構造の再構造化を
- 知識・技能、見方・考え方等の統合化、再組織化を

③子どもの実態から「等」にあたる資質・能力を導き出して、育成のための手だてを講じること

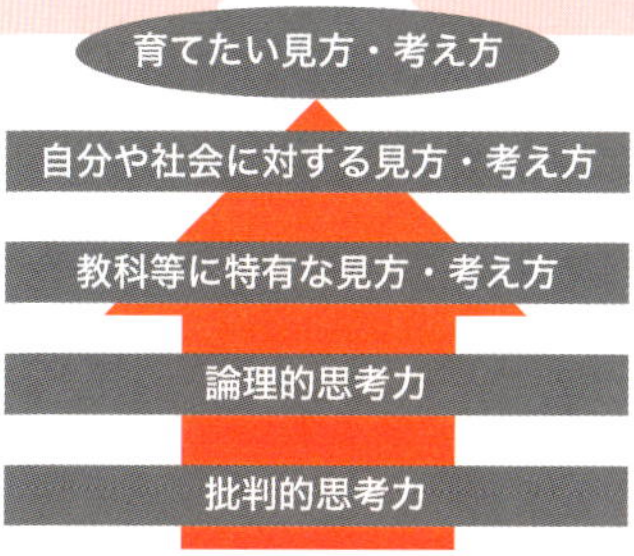

学びを人生や社会に生かそうとする学びに向かう力・人間性の涵養のために

①学習による知識・技能、思考力等の成果の手応えによる自尊感情の育成
- 学校に来て賢くなり先生や友達に認められて自信がついた、といった学びの手応えに裏づけられた知的好奇心と積極的な自己概念の育成

②授業における知的コラボレーションとしての交流を通しての個性の出会いに基づく学び合い、高まり合いの実感
- ディベイトだけでなく、3人寄れば文殊の知恵の手応え

③友達やまわりの人々、本との対話を契機にした「振り返り」による自分自身との対話の場の設定によって、社会や文化の中での自己実現としての人生の希望や意味についての深い思索・自分自身に対するメタ認知能力

④学び続け、成長し続ける存在としての自信と確信
- ネガティブな感情との付き合い方も心得ており、積極的、意欲的に自分らしく生活する力

○内容に即して目標を明確化し、内容を構造的に把握する
~活用題（教材）開発のための目標の分析と構造化~

左は、縦軸に内容、横軸に育てたい資質・能力の観点を設定した2次元のマトリックスを用いて、「四角形と三角形の面積」の教材化を示したものです。具体的な内容に即して実現をめざす目標を洗い出し、目標実現の順路を考え、目標の系統を活動で肉づけして単元計画を立案していきます。

粘り強くやり抜く力や、知的コラボレーション力等々、目の前の子どもたちに必要な認知的能力からの観点を設定する。

学びを人生や社会に生かそうとする「学びに向かう力・人間性の涵養」	
①台形の面積を平行四辺形、三角形の求積公式を活用して求めようとする。 三角形、平行四辺形、台形の大きさ比べから ↓ ②学びと育ちの成果の確かめ（評価）による誤答分析に基づく効果的な補充指導の後、つまずかせない指導のために指導計画に朱を入れてバトンタッチをする。	

小学校５年「四角形と三角形の面積」

観点	生きて働く「知識・技能の習得」	未知の状況にも対応できる「思考力・判断力・表現力等の育成」
台形の面積	①台形の求積公式の意味が分かり、公式を用いて求積できる。（適用題による定着・習熟） ②同じ面積で高さや底辺の異なる台形をつくったり、面積と高さから上底や下底を求めたりすることができる。（適用題による習熟） ③平行線を用いて、同じ面積で形の異なる台形をかくことができる。（活用題・演繹）	①平行四辺形や三角形を用いて台形の面積を求める。 ②台形を三角形に等積変形する。（活用題） ③ｎ角形を考慮して四角形、三角形に等積変形する。（活用題） ④台形の面積を三角形の公式で求められないか考える。（活用題・統合化）

何を学ぶかは
どのように学ぶかと
対にして
考えるべき…と
いうことで、
第３章へ…

第2章のまとめ

何を学ぶか

～教科内容の効果的な教材化～

見方・考え方、表現のしかたを活用し、思考力を育て、基礎・基本を確実にする「活用題」、問題解決のための力を確実にするための適切な質と量の「適用題」、「練習題」が必要。

「生きて働く知識・技能の習得」には、問題解決によって活用する力を育てる「活用題」が必要。（基礎的・基本的な知識・技能の理解や習得をより確実にするもの）

「未知の状況にも対応できる思考力・判断力・表現力等」の
育成には、論理的思考や教材の見方・考え方
さらに結論から導かれた仮定的思考
（もし～だったらというif思考）等を駆使して
問題解決する「活用題」が必要。

「学びに向かう力」を育てるには、分かる、できるだけでなく、
考える力や粘り強く取り組む力等も伸ばし、
その手応えをほめことば等とともに返して
自尊心と知的好奇心を育てることが求められる。

第3章ではどのように学ぶかをさらに掘り下げます。

第3章

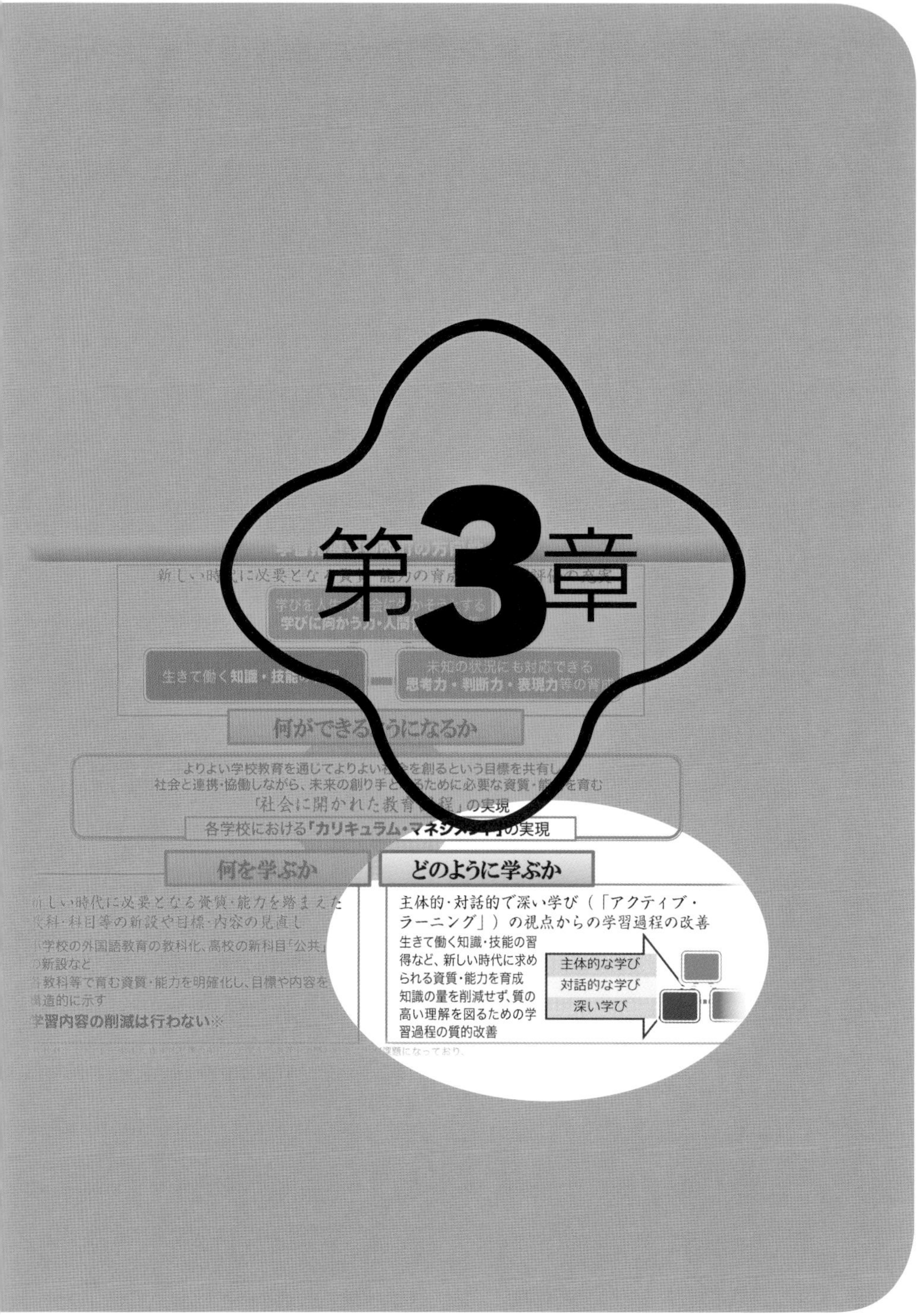
どのように学ぶか
主体的・対話的で深い学び（「アクティブ・ラーニング」）の視点からの学習過程の改善
生きて働く知識・技能の習得など、新しい時代に求められる資質・能力を育成
知識の量を削減せず、質の高い理解を図るための学習過程の質的改善
主体的な学び
対話的な学び
深い学び

どのように学ぶか

～主体的・対話的で深い学びを実現するには～

○「主体的・対話的で深い学び」の再定義

第2章では「何を学ぶか」を考えてきました。「何を学ぶか」を考えることは「どのように学ぶか」を考えることだ、と再確認されたことでしょう。

第3章では、何を「どのように学ぶか」をさらに掘り下げていきます。

「どのように学ぶか」については、**「主体的・対話的で深い学び（アクティブ・ラーニング）」**という授業改善の視点が示されています。ここでは、改めて「主体的・対話的で深い学び」の再定義から始めましょう。

「主体的・対話的で深い学び」とは何でしょうか。

とりあえずの定義からすれば…

主体的とは、自分ごととして

対話的とは、ことばを媒介にしたキャッチボールによって

深い学びとは、実感、納得、本音や感動に基づく学び

といったところでしょうか。

これを教育方法からとらえ直し、再定義すると…

【主体的＝自分ごとの深まり】

・自発性（おもしろそうだ）から主体性へ（選択、判断）

・授業展開における情意の高まりからゆさぶりによる意識化（おもしろそうだ）

↓成果の事実、裏づけによる高まり（ますます、だんだんおもしろくなってきた、思考力等の高度の認知領域の成果も）

↓意識化・自覚化・個性化（終わってからもやってみたい・やらずにはいられないといったこだわり）

【対話的＝コミュニケーション、知的コラボレーション】

・友達との対話↓コミュニケーション・知的コラボレーション

収束的思考による練り上げ（止揚）、拡散的思考による概念の裾野の拡大、さらに認知的なメタ認知としてのまとめ

方法にとどまらず、目標としての能力

・書物との対話↓知識からの一見の基盤としての百聞、見方・考え方の深め、広め（先哲の思想、いかに生きるべきか、純文学も）

・自分自身との対話→自己のあり方、生き方のメタ認知

【深い学び】

実感、納得、本音や感動に基づく学びの内実を深い学びに値するものにすることが重要

・産業界では「AI＝深層学習（ディープ・ラーニング）」であり、外部から与えられる知識等を記憶・習得する「浅い学習（サーフェス・ラーニング）」に対し、主体的に既習の知識や経験を相互に関連づけて理解する学習のこと

・手応えのある問題解決に時間も忘れて取り組んで、解けたときの喜び、充実感（たとえば、56ページで紹介したにせ金貨の問題）

さらに、解決の結果の振り返りによる方法の構造化と適切な適用題の解決による方法の適用、定着

・課題の提示→意識化→自覚化→個性化に至る意味づけの深化、拡充の意味学習

・精神運動（サイコモーター）領域では、習熟による自然化つまりセカンド・ネイチャー化へ

・ボンウェルによるアクティブ・ラーニングの定義をベースに、教育方法的に定義し直すなら

ディープ・ラーニングとは、

知識・理解や技能、思考、判断等々の認識の不断の再オーガニズム化

及び社会や文化の中での自己実現と自己探求のための自己との対話による自己変革のための自己認識の不断の再オーガニズム化

単元（ユニット）マネジメントから
カリキュラム・マネジメントへ

というようにまとめられるでしょう。

ボンウェルによるアクティブ・ラーニングの定義
(『Active Learning』Bonwell,1991)

①学生は授業を聴く以上のかかわりをしていること
②情報の伝達よりスキルの育成に重きが置かれていること
③高次の思考（分析、総合、評価）にかかわっていること
参照. 認知領域のタキソノミーにおいて知識、理解、応用より上位
④活動（読む、議論する、書くなど）に関与していること
⑤自分自身の態度や価値観を探究することに重きが置かれていること**←メタ認知、自己評価**
※米国では、ALといえば自主的協同学習をさす。

認知的なメタ認知

→ **学習の振り返りによる認知構造の再構造化によるディープ・ラーニングへ**

→ **自分のあり方の振り返りによる本来の自分のあり方（自己実現）へ**

人間としての成長のためのメタ認知

○主体的に学ぶとは？

主体的に学ぶとは、**自分ごと**として、**自分ごとの高まり・深まり**であるといえるでしょう。

学習は、おもしろそうだ、やってみたいから始まり、やっているうちにますますおもしろくなってきた、（はじめはおもしろくなかったけれど）だんだんおもしろくなってきた、と情意が高まり、終わってからも続けてみたい、広げたり深めたりしたい、とこだわりになるのがいちばんです。

導入より展開、さらに終了後へ向けて、「おもしろそうだ」から「ますます、だんだんおもしろくなってきた」というように、課題の意識化から自覚化、そして個性化へ高まっていくことが望まれます。

授業は、おもしろそうだ、やってみたいと知的な好奇心を喚起することから始まるに越したことはありません。目的が自分の心の内にあることだからです。

主体的とは、自分ごととして、
自分ごとを、どう高め、深めていくか

意識化

・おもしろそうだ、やってみたい
・おもしろくないけれど大切だから
ゆさぶり（知的・情的）
コーピング

自覚化

＊学ぶ目的を自分の内に
・ますますおもしろくなってきた
・だんだんおもしろくなってきた
成果を上げること
その成果をほめて返すこと

個性化

・終わってからも続けてみたい（こだわり）
・意味の深化（私から社会、人間、文化等へ）
やってみたいことから、
やらなければならないことへ
→生きがい、こだわり

そのために用いられる手立ての1つが**「ゆさぶり」**といわれる手法です。これには、**情的なゆさぶりと、知的なゆさぶり**があります。

情的なゆさぶりとは、実物や映像等を用いて学習課題に対する動機づけを図るものです。

知的なゆさぶりとは、これまでもっていた概念を覆すような事実や、AかBかの判断に迷うような問題を提示して知的好奇心をくすぐり、学習への構えをつくるものです。

このような導入段階における「ゆさぶり」による情意の高まりは大切ですが、それにもまして大切なことは、導入に続く展開の段階における情意の高まりです。

そのために必要なことは、学習内容に即して分かる、できる、考える等の成果を上げること。粘り強く投げ出さないでがんばって解けた、友達と一緒に考えたらよく分かったといった学ぶ手応えを感じさせることです。

さらに、その成果や手応えを取り上げて、ほめたり、励ましたりして学習者に返すことも大切です。

○展開段階の「ますますおもしろくなってきた」

成果を上げる指導と、成果を確かめ、取り上げて、学習者に返すといった積極的な評価活動がポイントであるということです。

その際、分かる・覚えるといった知識・理解や、できるといった技能の観点からの成果は、共通の到達目標が設定しやすく、それに対する指導の成果も、短時間かつ客観的に確かめることができます。

たとえば、三角形の面積の求め方が分かった、面積を求めることができた、漢字を覚えた、書くことができた、といった事実がつくり出されるため、成果を特に取り上げて返さなくても、学習者が学習の成果や手応えを感じることができます。

このような知識・技能のような到達目標とは異なり、思考力・判断力・表現力や自力解決の力、学び合い、高まり合う力といった向上目標（方向目標）の成果は、短時間で成果が上がりにくいものです。

さらに、一人ひとりの実態に応じて、前より高まることをめざすものですから、その評価の難しさもさることながら、指導そのものも容易ではありません。

しかしながら、そこで求められる**一人ひとりのほめどころ、がんばりどころの的確、適切で息の長い丁寧な指導と、その成果を取り上げて学習者に返す評価活動**は、学ぶ手応えと自信に裏づけられた自尊感情を育てるためにもっとも効果的な方法です。

知識及び技能、思考力・判断力・表現力、その他の能力の観点からの成果を上げ、それらの成果の裏づけ、統合によってこそ学びに向かう力が高まるのです。成果が上がらず、上がったとしてもその成果を積極的に取り上げて学習者に返さなければ、展開の段階における「ますますおもしろくなってきた」といった情意の高まりを期待することはできません。

そのために何よりも大切なのは、各観点からの成果を上げることであり、上がっているかどうかを途中途中で確かめながら、つまり、評価を形成的に行いながらの指導展開によって成果を上げる、**結果にこだわる指導**を行うことです。

成果の手応えと意味の深化は、第2章で見てきたような価値ある教材と教師の臨機応変な展開での成果であるともいえるでしょう。

ピンポイントレッスン

宿題忘れは減らせます！

宿題忘れをなくすための効果的な方法は、学校で宿題を少し先取りすることです。「今日の宿題は、明日から新しく勉強する『かさこじぞう』をすらすら読めるように練習してくること」で終わらずに、「３分間あげるから、一度声を出して読んでごらん」と先取りをさせるのです。そして「読めない漢字の読み方や、分からないことばの意味を調べてくること、これが今日の宿題です」とやればいいのです。

このように少し先取りしてかじってから残りを宿題にする、これは家庭での学習習慣、生活習慣づくりのための効果的な方法でもあるのです。

○対話的に学ぶとは？

対話的に学ぶとは、ことばを媒介にしたコミュニケーションと論理的・批判的思考力による**知的コラボレーションによる学び合い**、すなわち、交流場面での友達との対話による高まり合いととらえられます。

学び合い・高まり合いといった知的な協働作業、知的なコラボレーションの体験による手応えとともに、学び合う力、高まり合う力をコミュニケーション力と併せて育成するためには、第2章で述べてきたように、教材研究に基づく教師の方向づけが前提条件となります。

何を学び合わせ、どのように高まり合わせるのか、そのためにどこまでを子どもたちに任せ、背伸びをさせてがんばらせるのか。どこからは教師が前面に出てまとめたり、共有化したりしなければならないのか。

教材に内在した価値を開くことによって、学ぶ手応え、学び合い、高まり合う手応えを味わわせることが、**対話的に学ぶ**ことだといえます。

教室は、論理的・批判的思考力を鍛え、育成する知的コラボの場となっているでしょうか。もちろん、友達との対話のみならず、本（本の作者）との対話、自分との対話も重視されるべきです。

○深い学びとは？

主体的な学び、対話的な学びに対して、深い学びが分かりにくい、という声をよく耳にします。

深い学びとは、実感・納得をともなっての理解や解決、振り返っての知的及び人間的な「メタ認知」であり、主体的・対話的な学びの成果と相まっての実感、納得、感動等を伴っての手応えある学びにプラスアルファされるものです。

知的な深い学びとは、77ページのボンウェルよるアクティブ・ラーニングの定義のところで触れたように、既習事項を活用しての問題解決にとどまらず、解決を振り返っての、よりすぐれた解決や関連づけのあり方を構築するＡＩ的な不断の認知構造の再構造化、統合化であるともいえるでしょう。

振り返り・メタ認知によって、本来の自分に還り（主人公）、社会（文化）の中での自己実現に向かうためには、人間性を涵養する深い学び、自己評価力も備わっていなければなりません。

交流の場は、異質を受け入れて文殊の知恵の手応えを味わう場であると同時に、論理的・批判的思考力を育成し磨く場でもあります。収束と拡散によって、個性の出会いによる表現力、理解力（受容力）を育て、人間性を涵養する場でもあるのです。

主体的・対話的で深い学びには、汎用的能力としての言語力、論理的・批判的思考力の育成が重要です。

主体的・対話的で深い学びを通して、第１章で押さえた３つの資質・能力の育成へ、すなわち、社会（文化）の中での自己実現という人生を、人格の完成とともにめざして学び続ける力を育んでいこうということです。

対話とは交互作用による不断の成長

深い学びとは、実感、納得、本音を伴っての価値ある学び

論理的・批判的思考力、言語力等の汎用的能力の育成

交流は育成の場として位置づけ

３人寄れば文殊の知恵の学び合い、高まり合いによる成果の共有化と学ぶ手応え及び異なる個性との出会い

練り上げによる収束（止揚）概念の裾野を広げる拡散

深い学び

AI に負けない不断の構造化のためのメタ認知

振り返りによる学習内容や問題解決のアプローチ等の統合化、構造化、再組織化といったメタ認知

不断の人間的成長のためのメタ認知

振り返りによる自分自身の態度や価値観の探究等のメタ認知

○主体的・対話的で深い学びの視点から見た学習過程

三角形の面積を求めよう

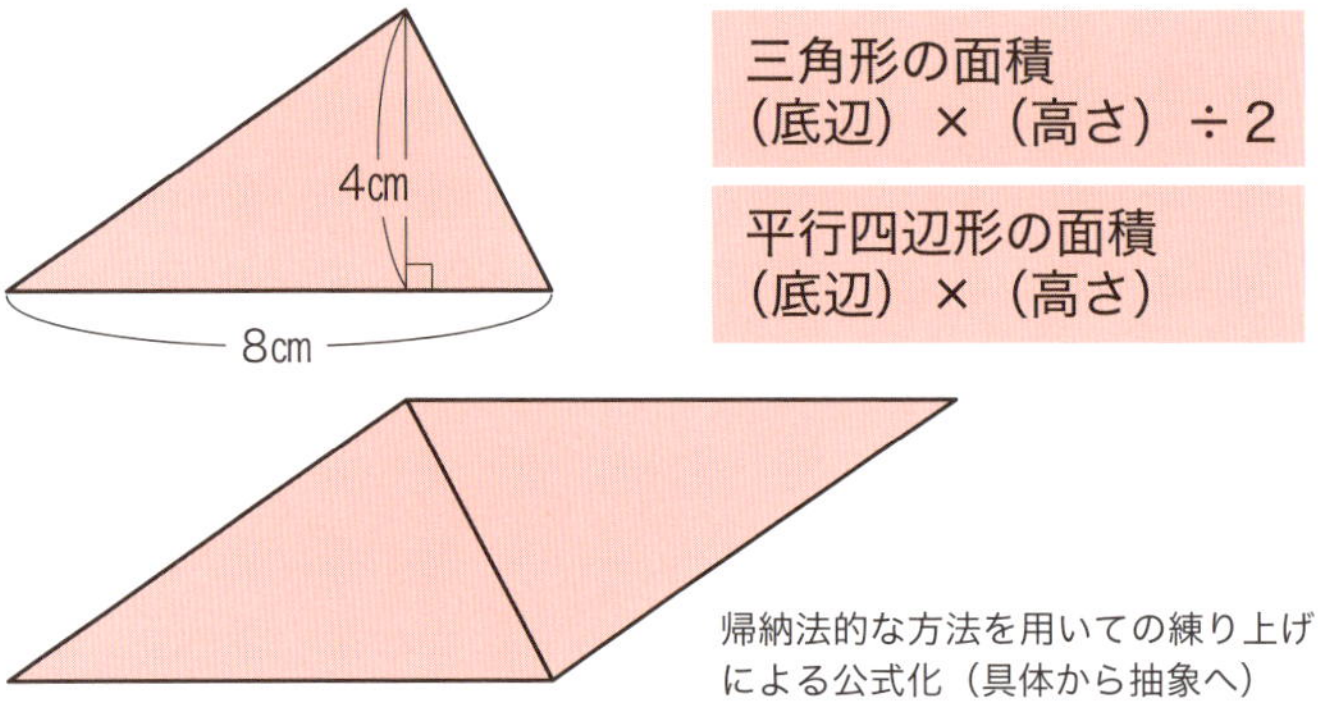

帰納法的な方法を用いての練り上げ
による公式化（具体から抽象へ）

主体的・対話的で深い学びの視点に立った学習過程を考えてみましょう。

たとえば、上のような「三角形の面積を求める問題」は、基礎的・基本的な知識・技能の習得のための問題といえます。

これを「『三角形の面積＝（底辺）×（高さ）÷2』で求めることができる。そのわけは、同じ三角形をもう1つくっつけて平行四辺形をつくると、『平行四辺形の面積＝（底辺）×（高さ）』で求められ、三角形はその半分だから…」と子どもたちに考えさせた後に、先生が分かりやすくまとめ共有化するのが学校での教え方です。

これを考えさせず、予想もさせないで教える、つまり教え込みを学校教育で行うことはありません。それは、新しい問題に出合ったときに、これまでの学習内容を活用して自分の力で解決する力、自力解決の力をつけるというねらいがあるからです。

「釣った魚を与えるより、釣り方を教えよ」という教育方法の格言にあるように、釣り方を身につけての「自立した姿」、すなわち「自力解決の力」の育成が、学校教育の最も大切な目標であるからです。

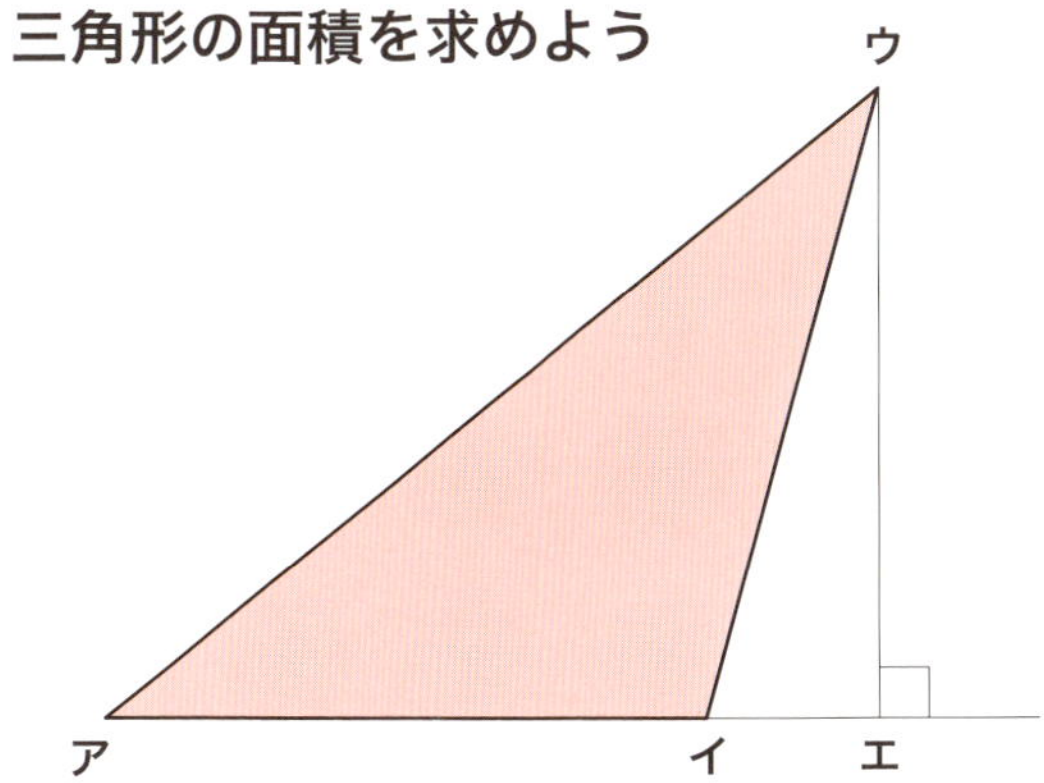

三角形の面積の公式の導入に続き、次の問題として、高さが底辺の延長線上にあって容易に判断できない三角形の求積を考えてみましょう。

目の前の子どもたちの状況によって、授業展開は変わってきますが、必要に応じて、次のようなヒントを投げかけます。

①習得した知識・技能を適用してアウを底辺とし、実測で高さを求め、面積を求める（48㎠）

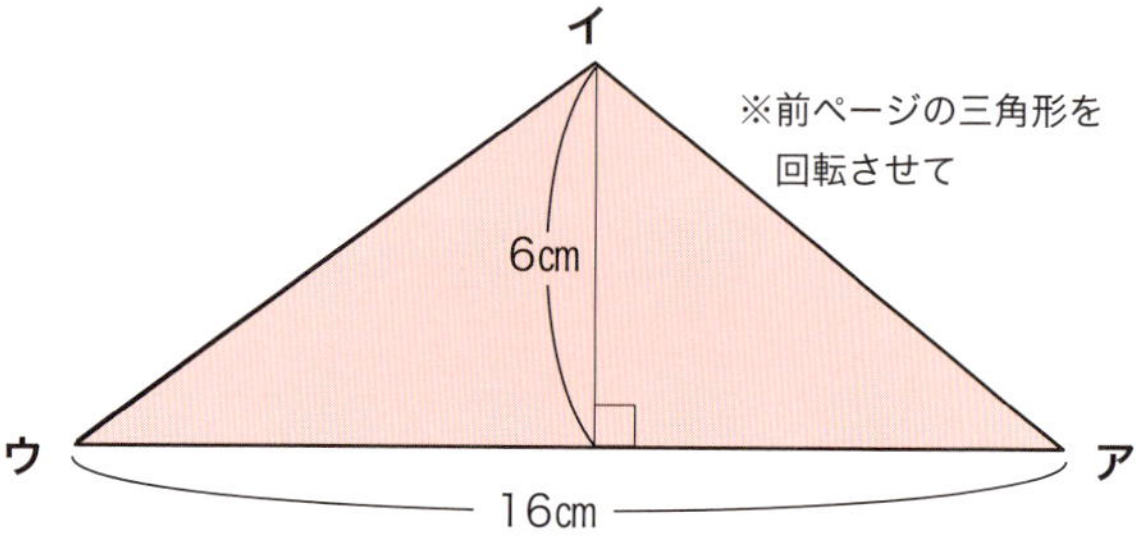

「どこを高さにすれば解けるかな」

「どの辺を底辺にすれば高さが分かるかな」

このヒントで、観点を変更して三角形を見ることができない子どもも、辺アウを底辺にすることが容易になります。

上のように実測すると高さ６㎝が分かります。

これまでに習得した知識・技能を適用して辺アウを底辺とし、実測した高さから、面積（48㎠）を求めました。

その上に立って、次は、辺アイを底辺としたときに、高さを□㎝として立式させることを考えます。

未知数を□としての立式が既習であっても、このように問題解決に活用することはほとんどありません。だからこそ、このようにして立式すれば□の使い方が分かり、解けるという手応えを味わわせられます。

②「□と計算のきまり」を活用してアイを底辺にすると、高さは□㎝
(辺アイ)×□÷2＝48
(辺アイ)×□＝96
□＝96÷(辺アイ)
高さを確かめ、求積する

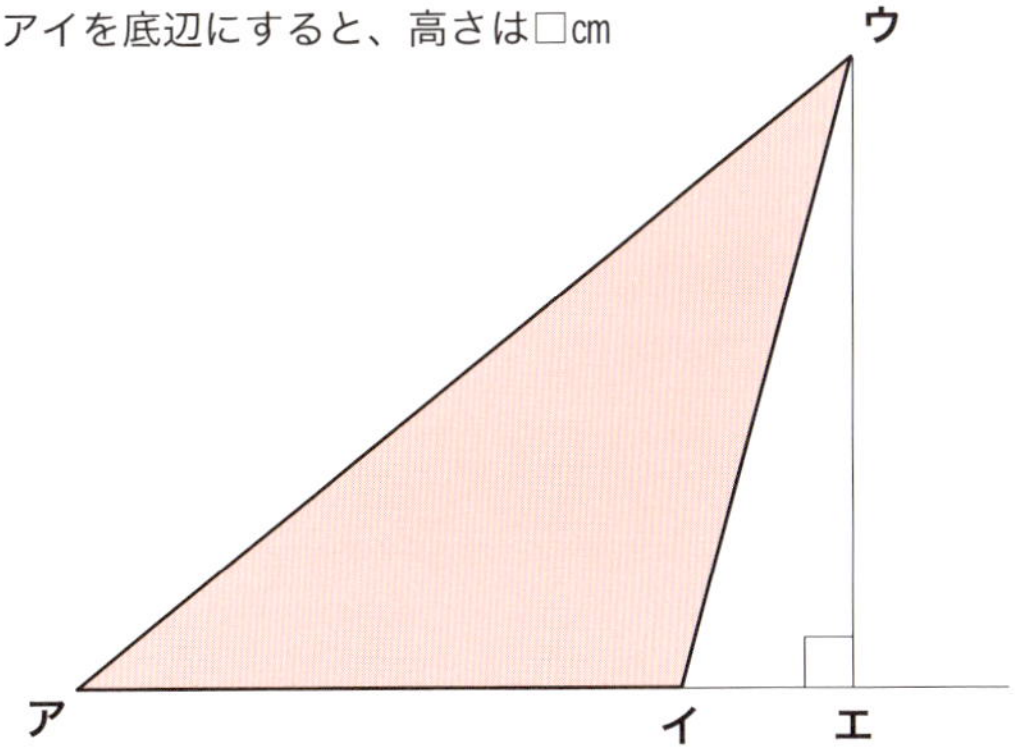

「(辺アイ)×□÷2＝48」の式から□の求め方を考えさせます。

「2でわって48になるのだから、わらなかったら96になるでしょ」

「(辺アイ)×□＝96だね」

「それなら、96を辺アイでわれば、□になるんじゃないかな?」

　このような論理が苦手な子には、丁寧にゆっくりと進みながら、少しずつ背伸びをして逃げ出さないで考えさせることも大切です。

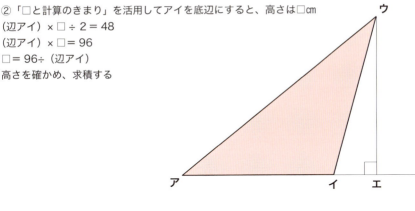

　そして、求めた□の数値にあてはまる高さを求めると、ウから辺アイの延長線上におろした垂線ウエの長さが高さになることが確かめられます。

　ここまでの展開について、順を追って納得しながら確かめていくといった式の展開にかかわっ

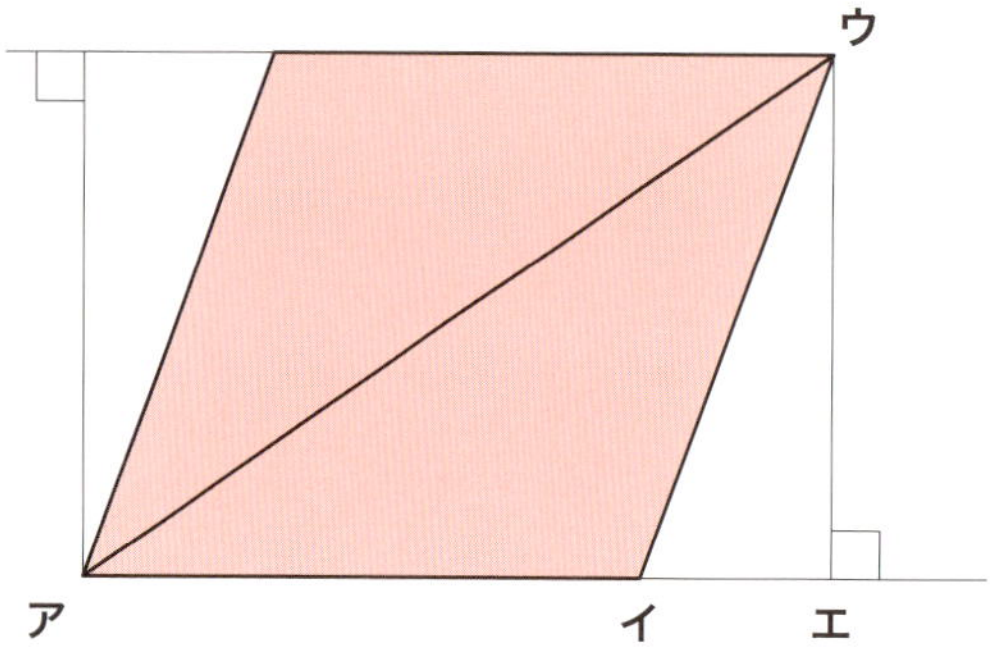

③〈適用題も兼ねて〉
辺イウを底辺にして
高さを判断し面積の公式を
使って面積48㎠を求める。
これによって、どの辺を底辺にしても高さが判断できて面積を求めることができることになる
④平行線間の距離は等しいという性質を使っての高さの確認

ての論理的な思考と処理をする力は、この後に続く面積が分かっていて高さや底辺を求めるという問題を解決する際の前提条件となるものです。

台形の面積等においても、面積が分かっていて高さや上底、下底を求めるといった問題解決も難しいものではなくなるはずです。

さらにこの後、辺イウを底辺としての高さを判断し、求積する問題も良問です。「学び直しの適用題」も兼ねて考えさせたいところです。当然のことながら、面積は48㎠にならねばなりません。

高さが底辺の延長線上にある、このような一連の問題解決は、活用の問題といえるでしょう。三角形の面積を学習したなら、どの辺を底辺にしても高さが判断でき、求積できなければなりません。これは活用にとどまらず、習得の問題でもあるのです。

習得でもあり活用でもある、正確には習得と活用を行き来する問題なのであり、このような良問がもっと開発されてカリキュラムに、正確にいうと単元に位置づけられていることが大切です。

ピンポイントレッスン

叱り方のコツ　3か条

(1) 説教は3分以内にすること。なぜなら、それ以上叱るとどうして叱っていたかのもとを忘れてしまうことがあるから。そういえば思いあたることはありませんか。叱られている方も、首をすくめて早く怒りが通り過ぎることを待つだけになってしまいます。

(2) 振り上げたこぶしの降ろしどころを考えながら叱ること。これは、子どもの逃げ道をこしらえながら叱ることです。「もう、これで叱るのはやめるけれど、これからは気をつけるんだよ」こう言ってこぶしを降ろすこと。これは「メタ認知」(自分の思考や行動そのものを客観的に認識すること) なのです。叱っている自分の姿を見ている、もう一人の冷静な自分をもつことです。怒りに任せて叱っても、効果は期待できず、叱った方には後悔と自己嫌悪が残るだけです。

(3) 決して過去にさかのぼらないこと。「前もこんなことがあったでしょう」と言わないことです。今の姿にこだわりながらも、こだわり過ぎない。ホットな細い眼に、クールな長い眼が備わってこそ、効果的な子育て、教育になるのです。

○子ども対子どもの対話を

　こうした学び合い・高まり合いが充実したものになるためには、自力解決において、失敗や遠回りもよしとしての自分なりのアプローチで問題解決に取り組み、精一杯に力を出し切った成果をもち寄ることが前提条件となります。

　そして、展開にあたっては、子どもたちの発表を教師がすべて受けて子どもたちに返す、といった子ども対教師のキャッチボールではなく、**子ども対子どものキャッチボールの成立、活性化を図る**ことが大切です。

　教師が受け止めて返すと、表現や考えの

不十分さを補い、完全な形で返してしまいがちです。たとえ教師にその意図はなくても、子どもには言い直しているように映り、そこから先の子どもたちの質問や意見が出にくくなります。

子ども対子どもの場合は、話し手はより相手に分かりやすく話そうとしますし、聞き手は話し手の考えや意図を何とか聞き取ろうとします。その結果として質問が出たり、つけ加えや言い直しが出たりすることになります。

具体的には、「○○さんに質問しますが…」とか、「○○さんにつけ加えて」「○○さんとは違う考えですが…」といった言い方を奨励しながら、ことばの力と論理的な思考・批判的な思考を育てていくことになります。

こうした子ども対子どもの対話が思考を活性化する場面でもあり、教師が受け止めて返すよりも、学び合い、高まり合う手応え、実感を味わわせるとともに、ことばの力を育成するというねらいから見ても効果的です。

単元の中に、こうした**収束的な思考**による練り上げだけでなく、それを補完する形での個性的な成果を吸収し合い、新しい価値を創造する**拡散的な思考**及びその成果の交流の場も位置づけておくといいでしょう。

収束型	拡散型
1つの答えに向かって 練り上げ、止揚していく 3人寄れば文殊の知恵	いくつもの答えによる 概念の裾野の拡大 個性の出合いと共有化 みんな違ってみんないい

対話的な展開は、学び合い・高まり合いの場であり
ロジカルシンキング、クリティカルシンキングを育てる場でもある

○2つのジョギングコースがあります。どちらのコースの距離が長いでしょう。

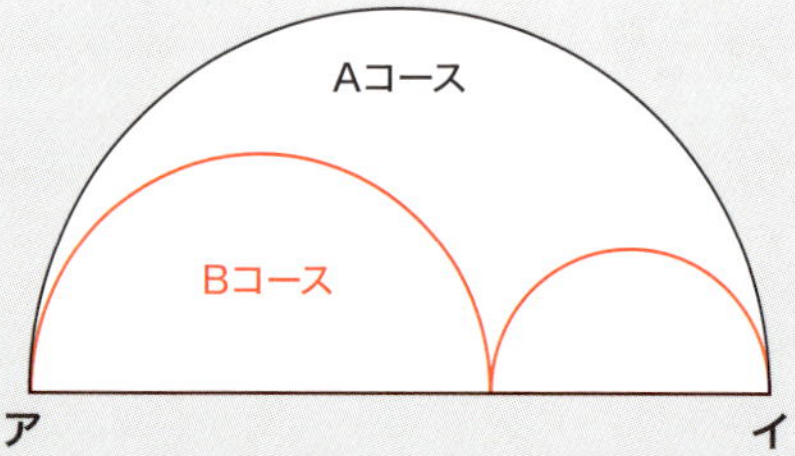

Aコースと同じ距離で3つの半円の円周のコースも考えてみましょう。

○展開図を組み立てたとき、一点に集まる頂点はどれでしょう。
（p98）

○国語「ごん、おまえだったのか」あなたが兵十だったら、もう一言何を言いますか。（「ごんぎつね」）

○道徳「人生でこれだけは大切にしたいことを一言で言うと」この問いには、それぞれの人生を振り返っての一言が出る。孔子の「恕」を紹介し、その考え方に触れ、自分との対話を図る。

○図画工作科の鑑賞からの絵画の指導
（p99）

対話のあり方
（機能）からの
価値のある教材の
分類

教材の類型 ＼ 知的コラボレーションの型
本問 授業の本問として 扱う教材
適用題 授業の最後に、理解を確かめるための教材
練習題 学んだことの習熟のための教材
活用題 生きて働く知識・技能、未知の状況にも対応でき思考力・判断力・表現力等を活用する教材

○収束型　論理的思考・演繹的思考の例

〜展開図を組み立てたとき、一点に集まる頂点はどれでしょう。〜

立方体ではアからイのようないちばん遠い頂点は、展開図では長方形の対角線上の点になります。

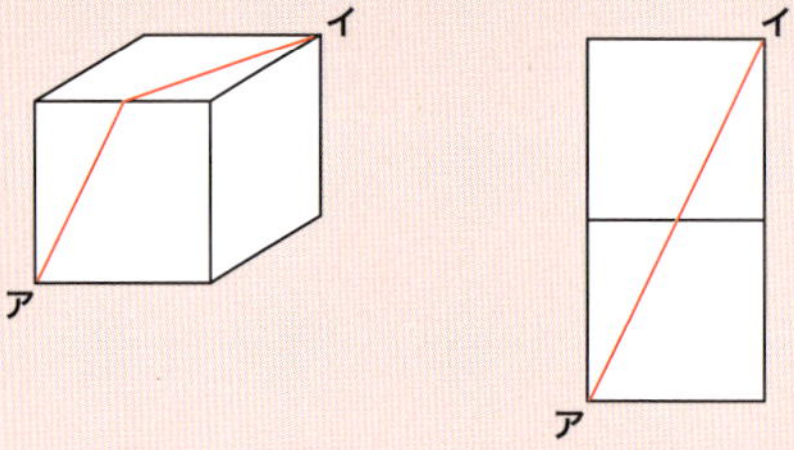

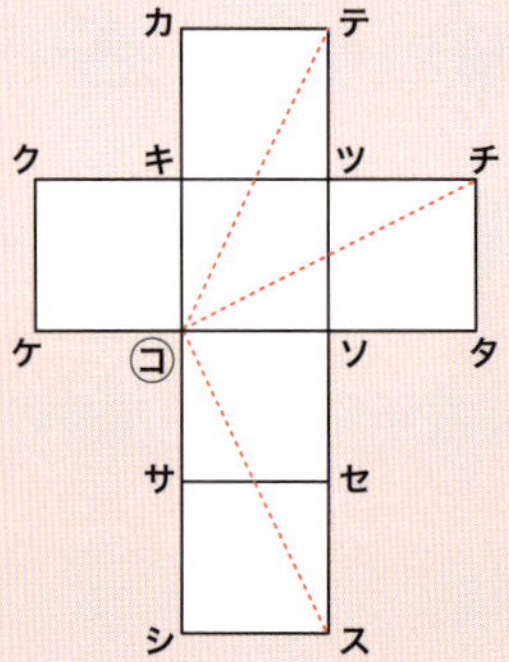

これをもとにして、次の展開図を組み立てたとき、㋙からいちばん遠い頂点はどれでしょう。

㋙からいちばん遠い頂点はテとチとス。だからテとチとスは組み立てたとき一点に集まる。

㋐からいちばん遠い頂点はどこかな。

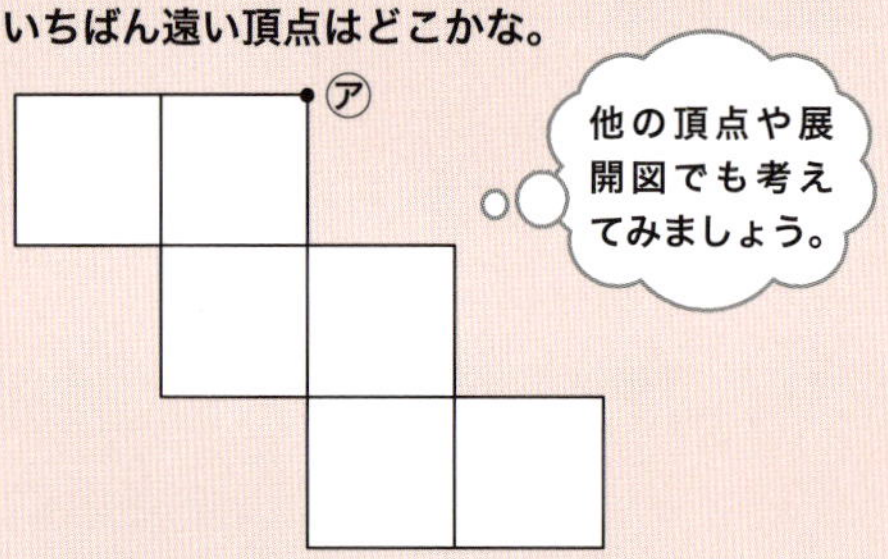

実際に組み立ててみて確かめるのもよいよ。（答えは P.100）

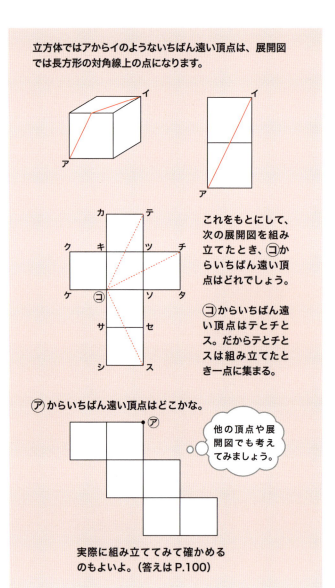

○図画工作科における主体的・対話的で深い学びを、鑑賞の指導と絡めての実践

拡散型のコラボレーションの例として、図画工作科の授業を紹介しましょう。遠足で行ったところの風景を描く授業の3時間目。作品を黒板に貼り出し、友達の絵についての鑑賞から始まりました。

「この絵はAさんの絵だけれども、みんなの絵とどこが違うと思いますか」出てきた意見にうなずき、**「空の色はどうかな？」**と問いかけます。

「ほんと、きれいな色だね。あの日の空はこんな色だったね」

「そう、あの日の空はこんなふうにきれいだったね。『抜けるように青い』って、こんな色を言うんだよ。どの色とどの色を混ぜたら、こんな青色ができると思う？　自分のパレットでつくってみて」と投げかけます。

それぞれが「抜けるような青空の『あお』」をつくったのを確認してから

「Aさんは、どの色とどの色を混ぜてつくったのかな」

Aさんの混ぜ方を聞いてから、みんなもつくり塗ってみます。

「そう、いい色ができるね。せっかく塗るんだから、みんなも色を塗るときはひと工夫しようね」

　こうして、個性的成果を共通財産にしながら、授業を進めていきます。

「次はBさんのこの絵だけれど、みんなの絵とどこが違う？」

と言って、示したのは、下から上を仰ぐアングルの絵。

思い思いの考えを発表させた後の発問は

「この絵はどこから見ているのかな」

「下から見上げてる」

「そう、この絵は下から見上げて描いているんだね。せっかくだから、みんなも上から見たり、下から見たり、斜めから見たりして、気に入ったアングルを見つけて描こうよ」

……こうして、5人分の鑑賞が終わったところで

「さあ、自分の絵を描き始めようか」と促します。

目のつけどころを教え、鑑賞の力をつけながらの展開例です。

講義の「義」は正義、第一義の「義」。議論の「議」ではない。大切なことが分かっていること。講義ができるから、ALもできる。

P.98の答え

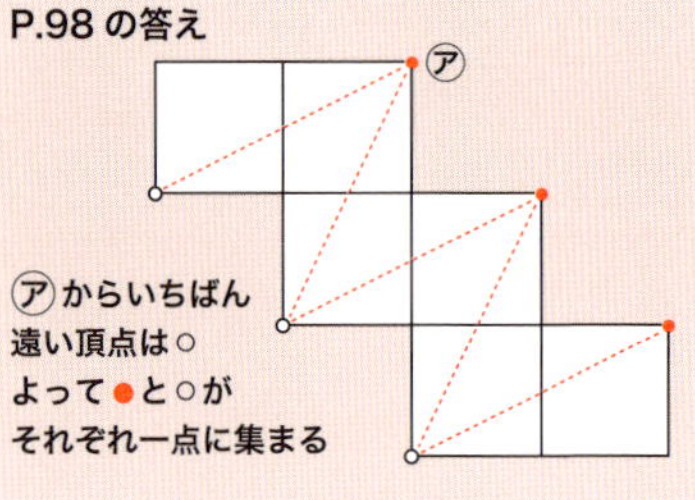
ア
アからいちばん
遠い頂点は○
よって●と○が
それぞれ一点に集まる

○「開く」授業とは

　このように考えてくると、生きて働く知識・技能の習得など、新しい時代に求められる資質・能力を育成するための、主体的・対話的で深い学び（アクティブ・ラーニング）の視点からの学習過程こそが、「開く」授業であるということがお分かりいただけると思います。

「開く」授業とは、これまで見えなかった教材の世界、教科の世界を開きながら、開き方を身につけ、自分の可能性も開く力をめざすものであり、好奇心と感動する心、自尊心そして可能性を開く授業でもあります。

　それは、内容に即して学びに向かう力や知識及び技能、思考力・判断力・表現力等からの目標を実現する展開を縦糸とし、展開の過程で自力解決の力や学び合い・高まり合う力、振り返ってまとめる力、家庭学習の力等の能力を育てることを横糸として成果を統合し、自ら学びの力を実現する授業をさします。

導入より展開、終了後へと学ぶ手応えによって関心・意欲・態度が高まる指導

❷目標としての自力解決

・基礎的な習得においても既習を活用して
・ノートをアクティブに使って
・自力解決の力を育てるヒントカードやアドバイス

既習の知識・技能、見方・考え方等を活用して自力で問題を解決する力

❸学び合いとまとめ・共有化

・言語活動による自力解決の成長をもち寄っての知的コラボレーション
・収束的思考による練り上げと、拡散的思考による個性的な創造

論理的・批判的思考力を言語力とともに養いながらの知的なコラボレーション・学び合い

❹振り返ってのまとめ

学び合いを振り返り、論理的根拠に基づくまとめ

ノートに論理的に整理し、まとめる力

これまで見えなかった世界を開きながら、開き方と開く手応え（学ぶ手応え）によって、子どもの可能性を開く授業の創造を

（「『開く』授業の創造による授業改革からカリキュラム・マネジメントによる学校改革へ―アクティブ・ラーニングを超える授業の創造と小中一貫教育の方法―」文溪堂）

開く授業の展開

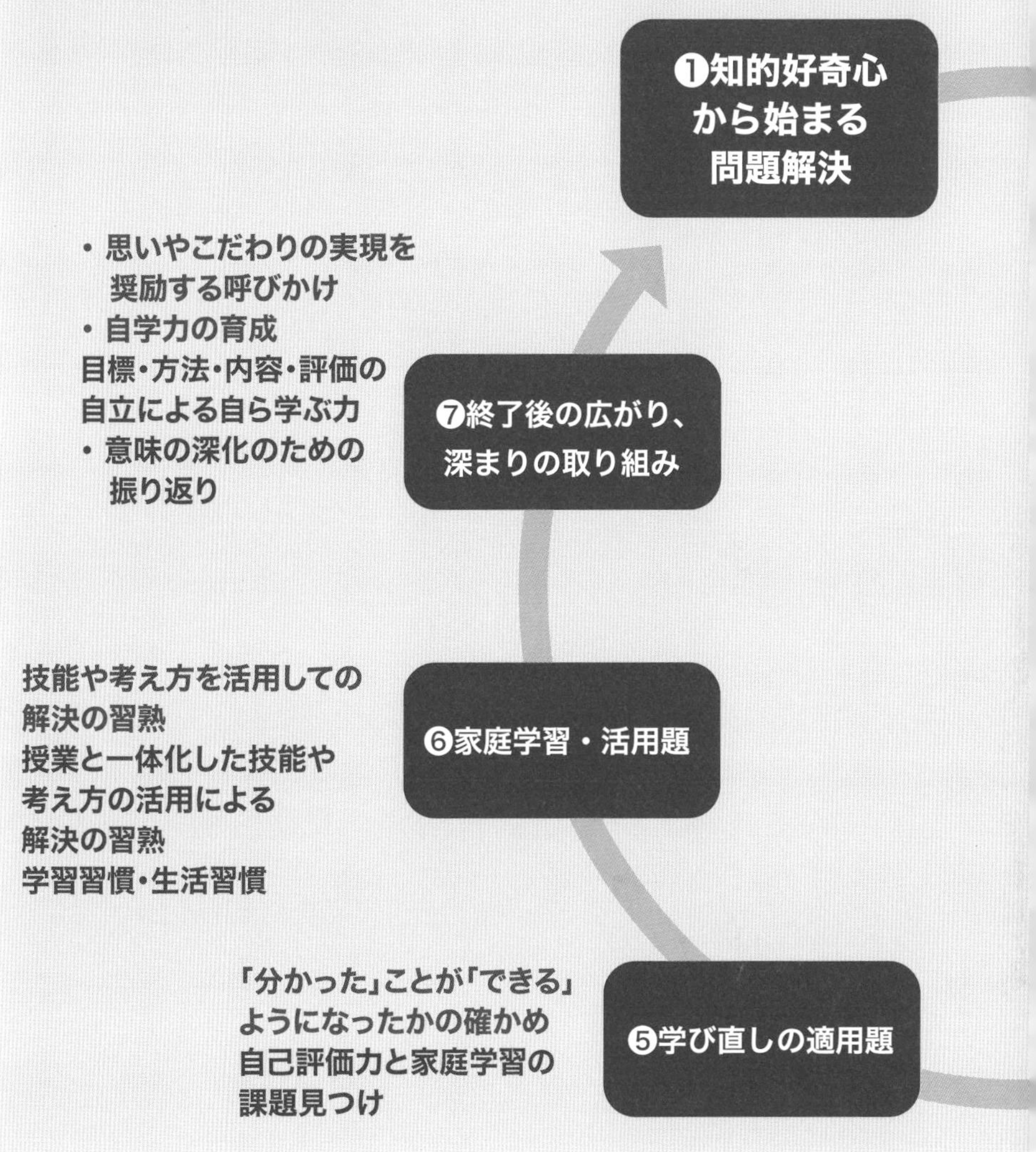
❶知的好奇心から始まる問題解決
・思いやこだわりの実現を奨励する呼びかけ
・自学力の育成
目標・方法・内容・評価の自立による自ら学ぶ力
・意味の深化のための振り返り
❼終了後の広がり、深まりの取り組み
技能や考え方を活用しての解決の習熟
授業と一体化した技能や考え方の活用による解決の習熟
学習習慣・生活習慣
❻家庭学習・活用題
「分かった」ことが「できる」ようになったかの確かめ
自己評価力と家庭学習の課題見つけ
❺学び直しの適用題

○目標としての自力解決

「開く」授業のつくり方については、22ページでも触れたように、拙書（『「開く」授業の創造による授業改革からカリキュラム・マネジメントによる学校改革へーアクティブ・ラーニングを超える授業の創造と小中一貫教育の方法ー』文溪堂）に譲りますが、ポイントとなる自力解決のノウハウ、ノートづくりについて紹介しておきましょう。

自力解決の場は、学んだことを適用して定着を確かにし、習熟を図るルーティンな問題解決とは異なり、これまでに学んで身につけた知識や技能、見方・考え方等を活用して新しい課題を解決する力、自力で解決する力を試し、鍛えて育てる場です。

このような自力解決の場の学習においては、**十分な時間を取り、失敗や遠回りもよしとして自分の方法で取り組む**ことが奨励されなければなりません。

主体的・対話的で深い学び、すなわち「開く」授業における自力解決の場においては、このような力をつけること自体が目標であり、次に続く「学び合い・共有化」につなぐための前段階といった位置づけに終わるものではありません。

この自力解決の場は、背伸びをしてがんばることの大切さを学ぶ場でもあります。自ら主体的に問題に向かうことで、解けたときの喜びはひとしおであり、**学ぶ手応えと効力感によって、自分自身に対する自信や肯定的な見方が得られる**からです。


がんばった結果として解決に至らなかったとしても、自分で悩み、問題に取り組んだことで、「なるほど、そうだったのか」と**友達の考えや先生の説明がこれまで以上に腑に落ちて分かる**からです。

先ほども述べた通り、自分の考えを出し切って、自力解決の成果をもち寄っての学び合いでなければ、その学び合いは活性化せず、高まり合うものにはなり得ません。

ですから、まだ十分に考えてもいないのに「ちょっと鉛筆を置いて、こっちを向いてごらん」とか、「まだ考え中の人もいるけれど、時間がないから次に行きましょう」等の指示は、自力解決の力をつけることを目標としたものとはいえません。指導案通りに進め、時間内に終わることを最優先にした指導であり、このような指導では、目標とすべき3つの資質・能力が育つことは期待できないのです。

この目標としての自力解決の段階では、91ページで紹介した、高さが底辺の延長線上にある三角形の求積において、「どこを高さにすれば解けるかな」あるいは「どの辺を底辺にすれば高さが分かるかな」といったヒントのように、必要に応じたアドバイスやヒントが有効になります。

ヒント（ヒントカード）やアドバイスは、その場でしか通用しないようなものでは適切とはいえません。また、ヒントやアドバイスは、いずれはなくしていくという見通しのもとに提示されなければなりません。そうでないと、依存性の高い子どもばかりが育つことになりかねないからです。

実際、授業を参観すると、自力解決の場で先生のヒントカードやアドバイスを、首を長くして待っている子どもを見かけることが少なくありません。先生が来てくれるまでは自力解決に取り組まず、開店休業状態の子どももいるのです。

確かに、ヒント（ヒントカード）やアドバイスを前もって準備しておくことは、「教材研究」として大切です。しかし、子どもの実態を考慮せずに、ヒントやアドバイスを乱発するようでは、本末転倒です。

ここぞ、というときにどのようなヒント（ヒントカード）やアドバイスをするべきか、目の前の子どもの実態に応じて、自力解決の力をつけるといった見通しのもとに、その内容を吟味し、検討して提示すべきです。

たとえば、5年「割合」の指導においては、左上のようなヒントカードを出す先生をよく見かけます。

（比べられる量）÷（もとにする量）＝（割合）の「く」「も」「わ」の関係から問題を解決させようという意図からのものでしょうが、自力解決の力を育てるという点から考えると、問題点が多いのです。

そもそも、子どもたちは**「比べられる量」が何で、「も**

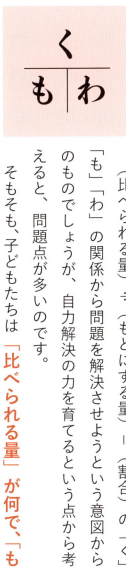

とにする量」が何かを判断できないから先に進めないのです。

3年までのわり算（包含除）では、いつも小さい方から大きい方を見て何倍かを求めてきました。そして、わり算の答えはいつも整数倍でした。つまり、いつも「もとにする量」が小さく、そこから大きい方の「比べられる量」を見ていたので、どちらが「もとにする量」で、どちらが「比べられる量」といった判断をする必要がなかったのです。

ところが「倍」や「割合」では、大きい方が「もとにする量」で、そこから小さい方の「比べられる量」を見る場合もあることを学び、この場合は商が1より小さい純小数倍になります。

見方が反転することをしっかり理解させないと、つまずいてしまうのです。

何が「比べられる量」で、何が「もとにする量」なのか。

「もとにする量」から「比べられる量」を見るのが「割合」であり、ここでは大きい方の「もとにする量」から小さい方の「比べられる量」を見ているから、「答えは1より小さくなる」といったように、理解を確実にするヒントカードやアドバイスが必要となります。

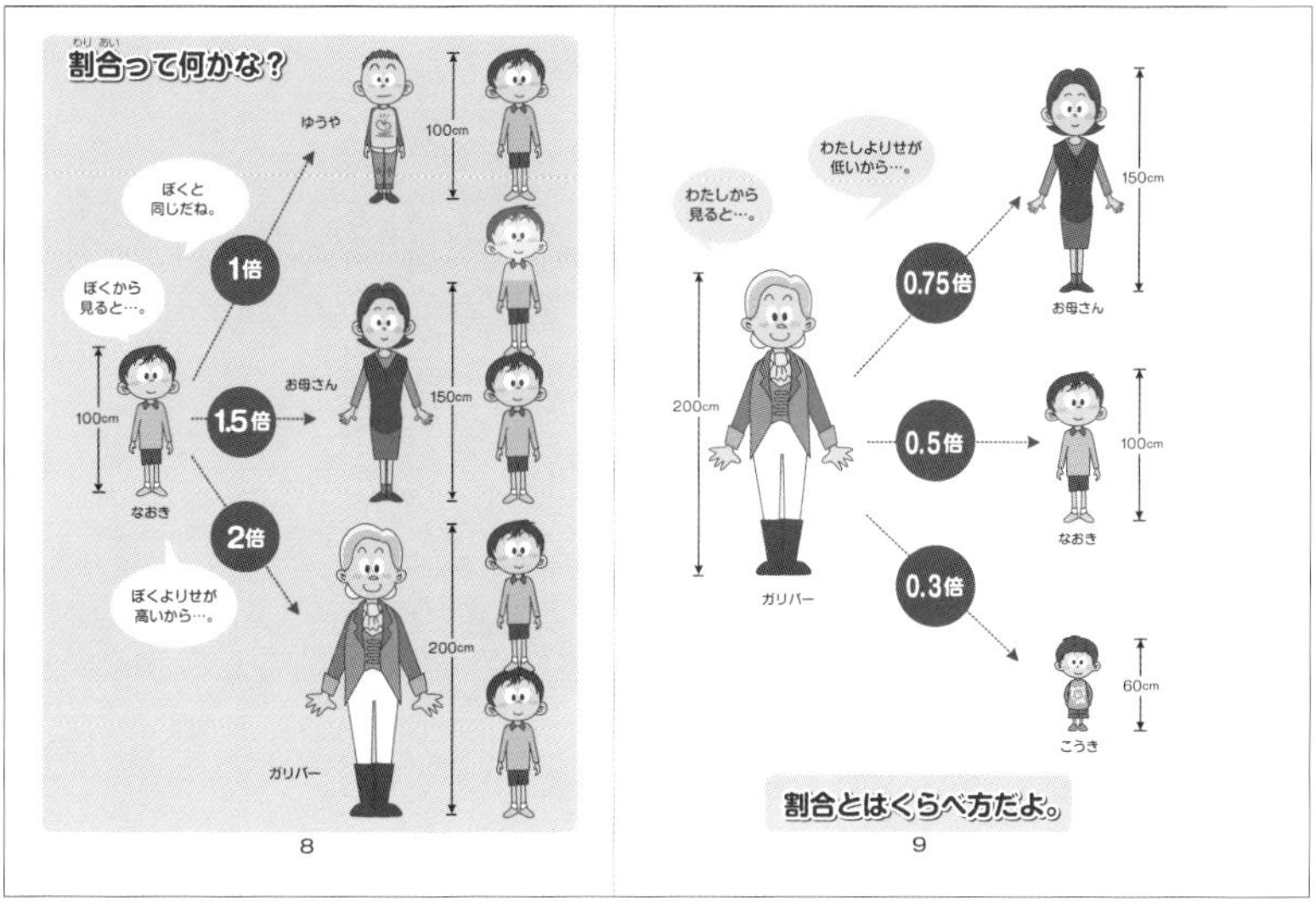

「絵本仕立て　割合がわかる本」P.9（文溪堂）より

それは、今後はヒントカードやアドバイスなしでも問題が解けるためのものであり、割合が腑に落ちて分かるためのものです。

　つまり、これからも自分で解決していくことができるのか、分かった、できた、解けたという事実に裏づけられ、意欲的に子どもが育つかどうかが大事であり、そのためのヒントカードやアドバイスでなければなりません。

　上の「割合とはくらべ方だよ。」のヒントカードは、比べるとはどんなことか、割合ではどのような比べ方

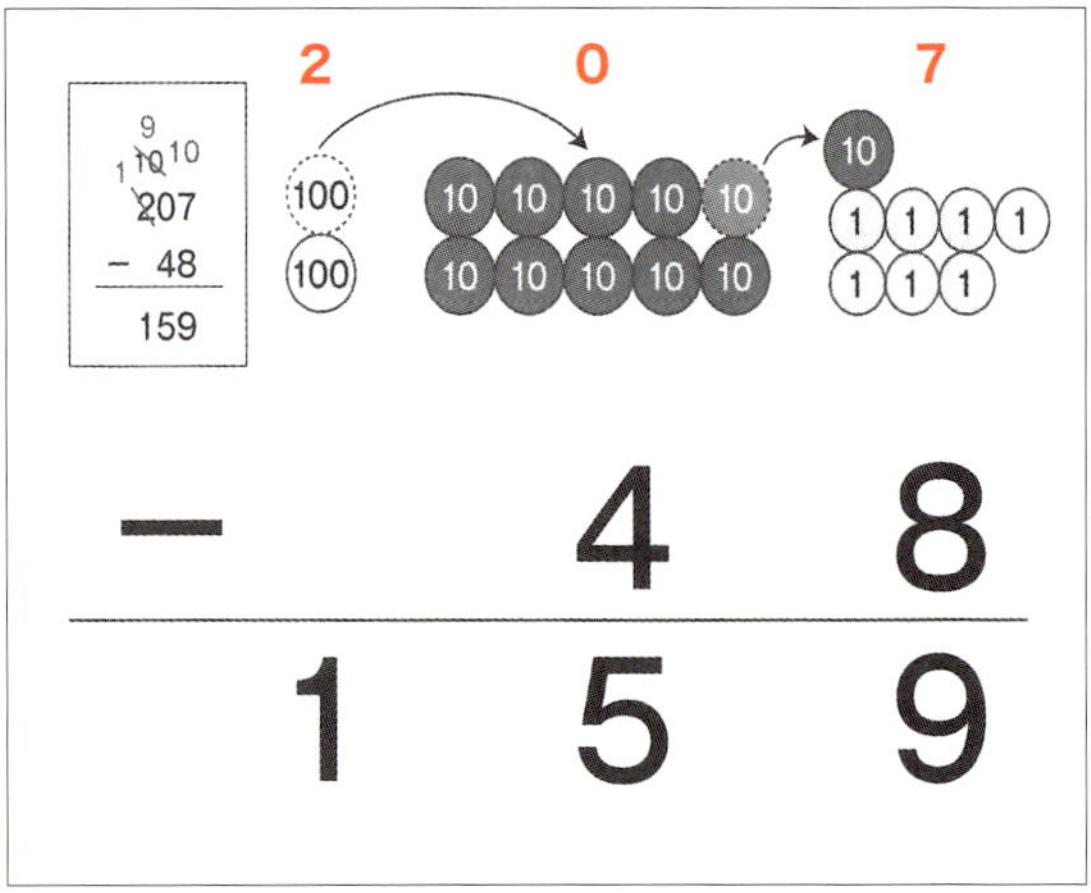

を学ぶのか、「比べられる量」と「もとにする量」とはどんなものか等について、これまでの小さい方をもとに大きい方と比べてきた3年までの学習との違いも押さえながら、腑に落ちて分かるように工夫されています。

上は2年の「ひき算の筆算」で使用するヒントカードです。計算原理と計算のアルゴリズムの結びつきを表わすヒントカードが自力解決の力をつけるために適切です。

これらのヒントカードはノートに貼って、このあとも必要に応じて振り返り、理解を確かめるためのシェーマにもなり得るものです。

このように、その場限りではなく、手を出し過ぎず、子ども自らが問題解決に主体的に取り組む後押しになるようなヒントカードがふさわしいと考えます。未知なる知識や技能、見方・考え方、取り組み方等を開いていくために、活用する能力を育てるためのヒントカードやアドバイスを準備することも教材研究における重要な作業であるといえるでしょう。

ピンポイントレッスン

かばんは倉庫ではありません

毎年４月になると、期待に胸をふくらませた新入生がやってきます。そんな１年生に学校生活をうまく送るために最初に教えてやりたいことは「かばんは倉庫ではなく、物を運ぶための道具」ということです。

これは､大人にも耳の痛いところです。学校から帰ってきたら、まずかばんの中の物を全部出してみる。連絡帳、家庭へのプリント、算数の教科書、国語の教科書等々、そして宿題を済ませてから、明日の用意を、連絡帳を見ながら整える。この習慣を家庭でつけてやることができれば、安心なのです。

この習慣がついていないと、忘れ物や宿題忘れ、さらには臭いとともに腐敗した給食のパンが出てきたり、くしゃくしゃになった書き取りテスト、渡さなければならなかった家庭へのお知らせのプリントなどが後から出てきたりすることになります。

このような学習習慣や生活習慣が、学力向上の基盤になりますが、他の学年でも、桜の季節をきっかけにこの習慣を確実にすることが大切です。なかなか一人ではできない子には、誰かがついてやっていっしょにやること。そしてだんだんと手を引き、一人立ちをめざせばいいのです。

○思考を活性化させるためのマイ・ノート

33ページでも触れた通り、論理的な思考力、見方・考え方の下支えとして「言語力」が必要です。また自分の考えを表出するには表現力が欠かせないことは、いうまでもないでしょう。

話す、聞く、読む、書くといった技能と、それらを支える能力（基盤）としての情緒力や想像力、論理力、語彙、文法等があり、それらを有機的に結びつけての指導を行わなければ表現力は育ちません。

特に、読む・書くといった思考、認識の道具としての文字言語による表現のためには、それを支える基盤としての能力の耕しが必要です。

そのためには思考を可視化して解決のために仮説を立てたり、つなげたり、膨らませたりしていく想像力や、筋道立てて考える論理力等を具体化し、表出することが欠かせません。

そのため**「描く」も含めての「書く」道具としてのノートの使い方がポイント**になります。

ノートを使いこなすためには、「ノートは板書を写すもの」あるいは「ノートは清書のためのもの」といった位置づけではなく、考えを整理し、まとめ、想像力を膨らませるための道具として使いこなす力をつけてやらなければなりません。

ノートをアクティブに使い、失敗や遠回りもよしとして、既習の学習を活用し、駆使することで、主体的に学ぶ力の育成にもつながります。

具体的には、ノートを見開きで使い、上半分には板書を写し、下半分をマイ・ノートとして使うといった使い方が効果的です。もちろん、上半分、下半分ではなく、左半分、右半分といった使い方もあります。

下半分のマイ・ノートの部分には解決のための構想やラフ・スケッチを描いたり、発表前に自分の考えをメモ書きにしたり、友達の考えをまとめたり、さらには黒板には書かれなかったけれども大切だと思ったことを引き出してコメントを加えたりといった工夫をするといいでしょう。

このようなノートは、子どもにとっては思考、認識の道具ですが、教える側

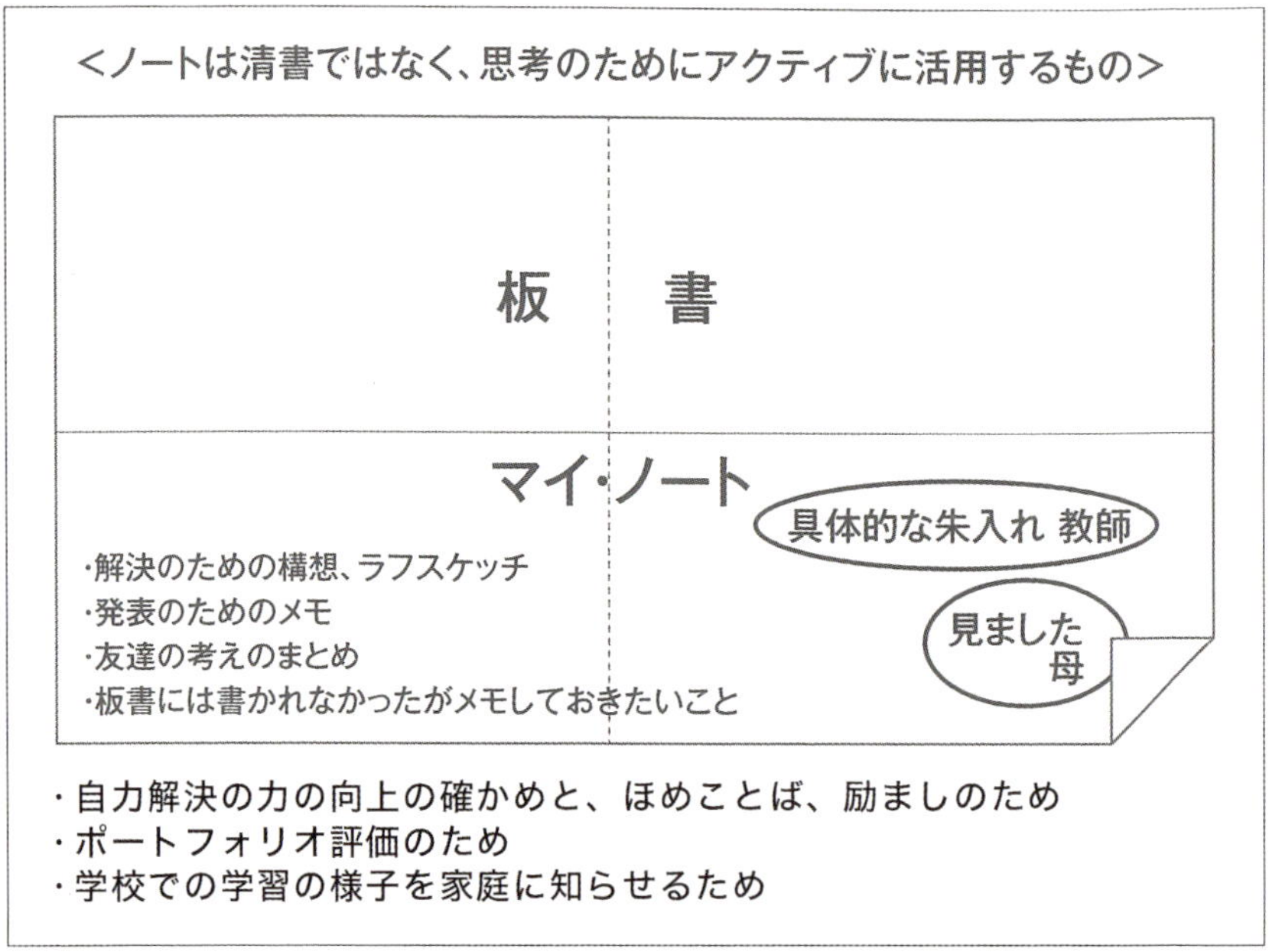
<ノートは清書ではなく、思考のためにアクティブに活用するもの>
板　書
マイ・ノート
具体的な朱入れ 教師
見ました 母
・解決のための構想、ラフスケッチ
・発表のためのメモ
・友達の考えのまとめ
・板書には書かれなかったがメモしておきたいこと
・自力解決の力の向上の確かめと、ほめことば、励ましのため
・ポートフォリオ評価のため
・学校での学習の様子を家庭に知らせるため

にとっては解決できたかどうかだけでなく、それまでの過程での取り組みの実態や向上の様子などを確かめ、取り上げてほめたり、励ましたりするためにも使えます。

　さらに、このような思考を活性化するための道具としてのマイ・ノートは、そのまま**ポートフォリオ評価の情報源**として活用すべきものであり、成長や向上の足跡、変容のエビデンスです。

　したがって学期末等の節目節目でページを繰りながら高ま

り、成長している自分の姿に気づかせ、確かめる時間を設けると効果的です。

ノートの取り扱い方のポイントは次の5つと考えています。

①節目、節目でノートを集め、「よく考えていますね」「丁寧に書けています」といった総評ではなく、「ここの考え方がこういうわけでいい」とか、「図や表を入れてもう少し分かりやすく書くように」のように、ピンポイントでほめたり、励ましたりすること。

②ノートの使い方としてお手本になるような書き方をしているものを適時取り上げ、みんなで鑑賞会を行い、共有化を図るとともに、個性的な取り組みの奨励を行うこと。

③テスト直しをしたものや、配布したプリントも貼り込んでおくこと。

④節目、節目の適当なときに、このようなノートを持って帰って家の人に見てもらい、右ページの〈ノートは清書ではなく、思考のためにアクティブに活用するもの〉で示したように「見ました　母」等のサインをもらってくることを宿題にすること。それによって、授業と取り組んでいる子どもの姿及び教師の

指導の様子等を家庭に知らせ、家庭との効果的な連携を図ることができる。

⑤使い始めには、日付と「大事に使おう。楽しく使おう」などと抱負を書かせ、使い終わりの日、通しナンバーもつけさせること。このようにすると、より効果的なポートフォリオ評価の情報源になる。

通しナンバーは、1年間だけでなく、小学校の6年間、さらには中学校の3年間も通したいところです。

たとえば、「No.8」と記したら、それまでのNo.1～7のノートは大切に保存されているはずであり、自分の成長、向上の足跡を確かめるエビデンスとなります。教師側にとっては、これまでにどのような指導がなされてきたのかの確かめにもつながります。

今後、各学年、各教科において各教師の工夫による学習者の実態に応じた個性あふれるアクティブなノートの開発が期待されます。

○家庭学習の課題の出し方
～計画的に、系統的に、一人ひとりの実態を確かめながら～

学力の向上には、家庭学習の組織化、習慣化が不可欠の要素であり、家庭の協力、家庭との連携が必要となります（115ページで紹介した、ノートを持って帰って家の人からサインをもらってくるという宿題は、そのための手立てとなるものです）。

課題の内容の吟味、検討の観点

ア；知識・技能の練習・習熟のための課題

イ；知識・技能、見方・考え方も活用しての考え方の練習・習熟さらに発展のための課題＜**活用題、発展題**＞

ウ；復習のしかたを身につけながらの復習にかかわる課題

エ；予習のしかたを身につけながらの予習にかかわる課題

オ；授業中の学習内容に関連して続けたり、深めたり、広げたりする課題

(reference)

家庭学習を積極的にとらえ直すと、学校でできなかったこと、授業で足りなかったことを思う存分できるのが家庭学習ということになります。

家庭学習の課題は、**授業の中身とどれくらい関連しているか、実質的にどれくらいの時間がかかる**

- 授業のねらい、内容と課題が一体化しているか。

- 適用題を量と質で補う課題になっているか。
  ☆1つから☆3つで評価を行い、統計的に見てみること。

- 所要時間は適切なものか。
  所要時間の記録と、集中度の自己評価もさせる。

課題なのかを吟味した上で出すこと。

できたら、課題と授業内容との関連を☆1つから☆3つまでで表し、1か月間統計をとって振り返ってみてください。すると、多くの場合は、☆の数が少ないこと、さらに時間差があることに気づかれるはずです。

子どもたちにも家庭学習の開始時刻と終了時刻をノートに書かせ、さらに集中度を☆1つから☆3つまでで自己評価させ、とくに理由がある場合は、理由も書かせます。こうしておくと、それを見て、ほめたり、励ましたり、相談に乗ったりすることができます。

復習や予習のしかたも少しずつ教えていき、それを含めて学習の習慣を自分の生活のスタイルになるように見守り、応援を続けていくことが大切です。そのためには、計画的、系統的な家庭学習の習慣化の方針を保護者に説明し、理解してもらう必要があります。一人ひとりの成果を確かめ、励ましによる評価の継続によって、長い目で育成を図りたいものです。

○振り返ってのまとめ

振り返りの大切さが強調されていますが、現場の先生方の中には、振り返りのさせ方に苦労されている方が多いと聞きます。

まとめが目標の言い換えになっていては意味がありません。

たとえば、「台形の面積を求めましょう」をめあてにしての授業において、そのまとめが「台形の面積は、（上底＋下底）×（高さ）÷2で求められます」では不十分です。120ページの図に示すように、公式を、その根拠、つまり同じ台形を横にもう1つくっつけると平行四辺形ができるからとまとめ、共有化を経た後で、振り返りの段階では、ノートに図を描きながら、自分のことばでまとめることになります。もちろん、自分なりのつけ加え等の＋αは大歓迎です。

次ページのように公式が導かれると、論理的に説明する力を育てる場となります。公式を忘れたときや、2でわるのだったか、そうでなかったか迷ったときに思い出したり、判断したりする手がかりにもなります。

台形の面積における　振り返ってのまとめ①

同じ台形を回してつなげると、平行四辺形ができる。

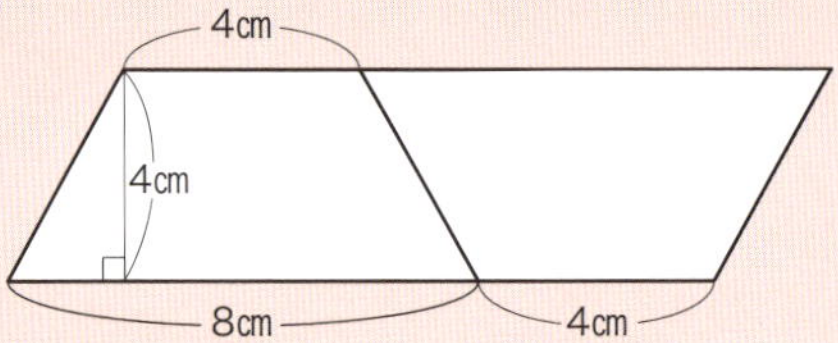

平行四辺形の面積の公式から、**演繹の考え方**による台形の面積の公式化
→平行四辺形の面積も、台形の面積の公式で求められる。

平行四辺形の面積を求めるときは、**底辺 × 高さ**　をするとよい。

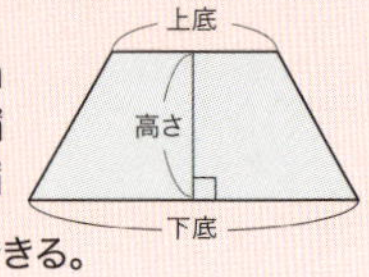

底辺は　8＋4＝12　　12 cm
平行四辺形の面積は　12×4＝48　　48 cm²
平行四辺形の中には同じ台形が2つあるから、48÷2=24　24 cm²

だから、台形の面積は、（上底＋下底）× 高さ ÷2　で求めることができる。

先に述べた、自力解決におけるヒント（ヒントカード）も、このような形で出すべきです。

さらに、121ページのような考えがこれまでの「学び合い・高まり合い」等の中で出ていたら、これを自分の言葉で説明し直す作業も論理的な思考力を育て、図形の面積を単元全体から統合してとらえるという見方を育てるためにも効果的です。

底辺と高さが等しければ面積も等しいことを活用するのですが、なかなか納得できなかった子どもがこの論理に気づいたときの感動、分かったときの感動は大変大きいものです。

こうした発展的な問題解決は家庭学習の

台形の面積における　振り返ってのまとめ②

三角形の公式に似ているという想像力を働かせて

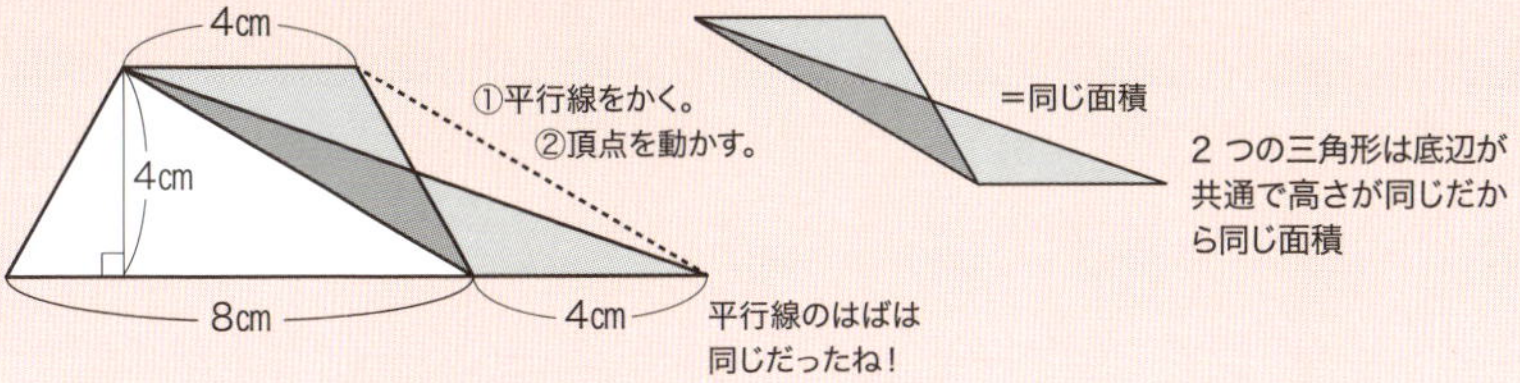

三角形の面積を求めるときは、**底辺 × 高さ ÷2** をするとよい。

底辺は　8＋4＝12　　　12 ㎝
面積は　12×4÷2＝24　　　24 ㎠

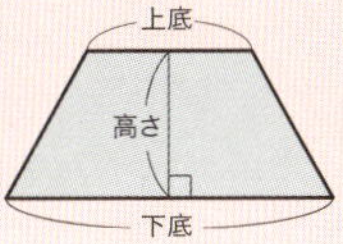

だから、台形の面積は、（上底＋下底）×高さ÷２で求めることができる。

課題として、思う存分時間をかけて取り組ませてもよいでしょう。

発展的な課題や効果的な呼びかけによって、授業が終わってからも続けてみたい、広げたり、深めたりしてみたいといったこだわりを育てることと、そのための方法（それにはやってみたいことの見つけ方や、アプローチのしかた等が含まれる）を身につけさせなければなりません。

これこそが主体的な学びの力であり、自学力へと発展していくものです。

このような振り返りによるまとめは、認知構造の再構造化でもあり、AIに負けないディープ・ラーニングの能力の育成につながるものです。

第3章のまとめ

どのように学ぶか

～主体的・対話的で深い学びを実現するには～

考える力をつけたいなら、考えさせる活動を十分にとらないといけません。

何をめざして
そのために

つけようとした力しかつかないのです。

目標として掲げて、めざしたものしか実現しません。気がついたらついていました、というのは学校教育ではあり得ません。

なぜなら、学校教育の特長は、教育課程（目標実現のための見通し）だからです。

考える力をつけるには、考える力をつけるのに適切な内容を設定しなければなりません。

何を

この章で考えてきたように、能力は内容に即してつくものだからです。実質陶冶《とうや》を軸に形式陶冶を、さらに適切な内容を考えなければなりません。

どのように教えるかという、展開だけを充実させても意味はありません。内容に価値が内在していないといけないということをしっかりと押さえていただきたいのです。

『よく考えてごらん』で考える力がつくわけがない」という大村はま先生のことばの通り、どこに目をつけるか、目のつけどころを教え、習熟させるまでの指導が求められていると思います。

「目のつけどころ」とは、いままで述べてきた、開き方であり、すなわちこれが見方・考え方です。

これまで見えなかった、知らなかった世界を開きながら、開き方を教え、開くことができるところまでを指導しなければなりません。

どのように

教えるところ、考えさせるところ、習熟させるところ（技能だけではなく、考え方の習熟も）等を統合するのがカリキュラムの最小単元としてのユニット（単元）であるという認識をもっていただきたいのです。

成果の確かめ

考えて、開けるようになったら、問題ができるようになったら、成果を取り上げて、ほめて返してやること。

まだまだ不十分なら、寄り添いながらの励ましで、粘り強く取り組ませること。そして、できるようになったら「できるようになったじゃない！」と、真っ先にほめてやる。

これが目標と指導と評価の一体化
PDCAサイクルです。

第４章では評価を生かした授業展開を考えます。

第4章

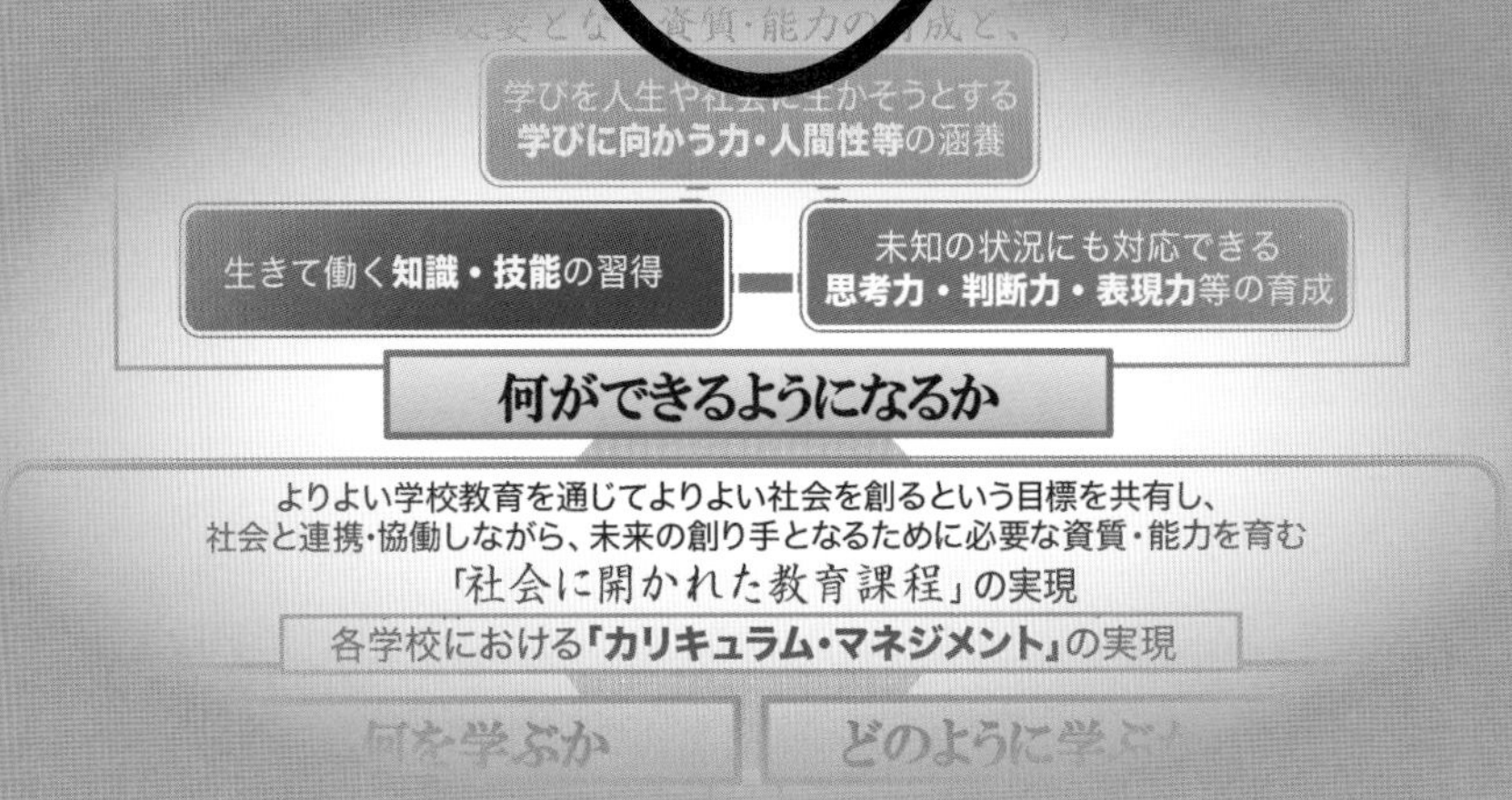
学びを人生や社会に生かそうとする
学びに向かう力・人間性等の涵養
生きて働く知識・技能の習得
未知の状況にも対応できる
思考力・判断力・表現力等の育成
何ができるようになるか
よりよい学校教育を通じてよりよい社会を創るという目標を共有し、
社会と連携・協働しながら、未来の創り手となるために必要な資質・能力を育む
「社会に開かれた教育課程」の実現
各学校における「カリキュラム・マネジメント」の実現
何を学ぶか

評価を生かした授業とは

～新しい時代に求められる教師の資質・能力～

○評価を生かした授業展開

第1章では、これからの時代・社会に求められる資質・能力、すなわち「何ができるようになればいいのか」を考えてきました。そして、3つの資質・能力はめざす目標であり、同時に評価の内容であるととらえました。

第2章、第3章では「何をどのように学ぶか」を掘り下げ、「目標と指導と評価の一体化」の大切さを再確認するとともに、「深い学び」を実現する授業づくりのために、次の3つのポイントを押さえてきました。

1つ目として、教科特有の**見方・考え方を育てる教材（活用題）**の開発が求められ、収束的思考・拡散的思考が主体的・能動的なかかわりを深めていくことを確認しました。

2つ目として、教材を開きながら、展開しながらの**論理的思考力・批判的思考力**の育成について考えてきました。同時に、学び合い・高まり合いとしての知的コラボレーションの大切さ、さらにはノートのアクティブな使い方の指導にも触れてきました。

3つ目として、**自分自身や社会に対する見方・考え方**の育成の大切さを再認識し、友達との対話、自分自身との対話が欠かせないことも見てきました。

最終章（第4章）では、評価を生かした授業のあり方を再確認したいと思います。

「深い学び」を実現する授業づくりのために

① 教科特有の**見方・考え方を育てる教材**
<活用題>の開発（もちろん本問も）
収束的思考及び拡散的思考
←主体的・能動的なかかわりのため

② 教材を開きながら、展開しながらの**論理的思考力・批判的思考力**の育成
同時に、学び合い・高まり合いとしての知的コラボレーションの手応えを
ノートのアクティブな使い方の指導

③ **自分自身や社会に対する見方・考え方**の育成
・友達との対話→友達のよさ、自分のよさ
・教材や本との対話・出合い→自分との対話

<3つの見方・考え方>
・教科・領域に特有の見方・考え方
・論理的・批判的な見方・考え方
・自分や社会に対する見方・考え方

<2つのメタ認知>
・認知構造の不断の再構造化（DL）
・冷静に、客観的に本来の自分から

プロローグで述べた通り、新しい学習指導要領の全面実施によって、**何よりも指導の結果、つまり、結果としての子どもたちの育ちの姿**が重視される。

いままで以上に評価を生かした授業展開が必要になるということです。

○評価から見たすぐれた授業の条件

では、評価にこだわる指導、評価から見たすぐれた授業とはどんな授業でしょうか。左下の3つの条件を挙げたいと思います。

①成果は上がっていますか？

確かめ（エビデンス）は？

子どもは教師が期待するほど分かっていないものです。まずは、この前提に立って、指導の成果を確かめながら展開していかなければなりません。

成果の確かめ方は、139ページの図のように、学習の観察やノートの点検、適用題等による短いフィードバックサイクルのものと、単元終了直前に行う形成的テストによる長いフィードバックサ

評価から見たすぐれた授業の条件

①成果は上がっていますか？
確かめ（エビデンス）は？

②その成果で十分ですか？
思考力や表現力、さらに非認知的能力も目標に入っていますか？

③成果を返してほめていますか？

イクルのものがあり、短いサイクルのものと長いサイクルものを併用しながら展開するのが効果的です。

このような成果の確かめ、評価によって成果が上がっていないことが判明したら、すかさず教え直しやその後の軌道修正を行うことが大切です。

つまり、指導は指導、評価は評価と切り離してとらえ、学期末に成績づけ（評定）のためだけに評価を行うというのではなく、**指導の成果を確かめるために評価を行い、その評価に基づいてその後の指導を行う**ことが大切です。これは「指導と評価の一体化」であり、結果に責任をもつ教育のためには欠かせないものなのです（次ページの図を参照）。

指導の成果を確かめるために評価を行い、評価から次の指導のための手がかりや方向性を得るといったように形成的に機能させること、つまり「指導と評価を一体化すること」が第一義であり、通知表や成績づけのためだけにあるのではない、ということを再認識していただきたいと思います。

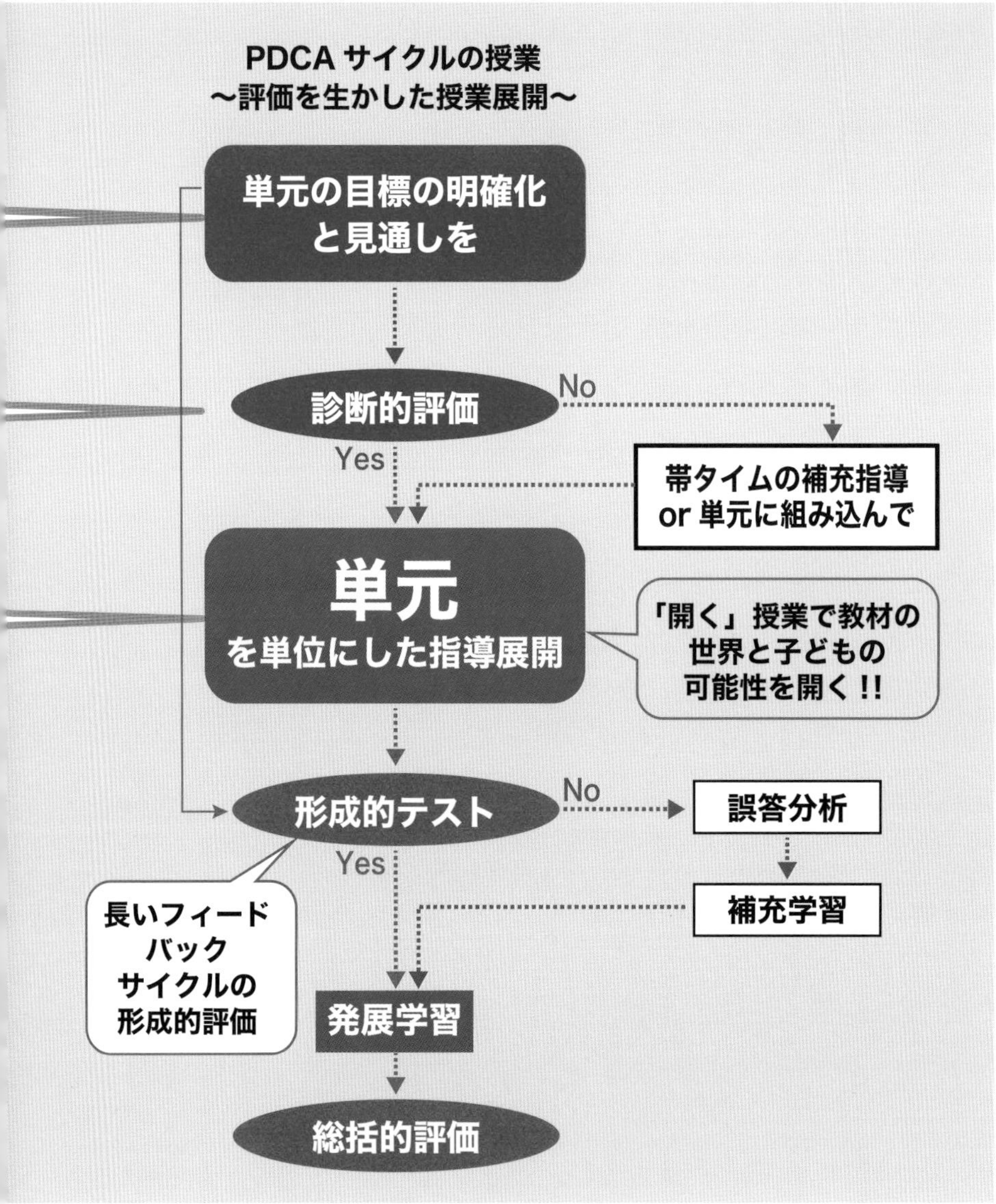
PDCA サイクルの授業
〜評価を生かした授業展開〜
単元の目標の明確化
と見通しを
診断的評価
No
Yes
帯タイムの補充指導
or 単元に組み込んで
単元
を単位にした指導展開
「開く」授業で教材の
世界と子どもの
可能性を開く!!
形成的テスト
No
誤答分析
Yes
補充学習
長いフィードバック
サイクルの
形成的評価
発展学習
総括的評価

この単元では何が分かり、何ができるようになり、どんな見方・考え方が育てばいいのか等を明らかにして、その目標達成のための学習活動の見通しを単元単位で立案する。さらに目標を評価からとらえ、成果を確かめるための単元末の形成的テストを作成しておく。

わり算を学習するには、かけ算が分かっていないといけない、のように単元の学習の前提となる学習の定着についてそっと確かめておき、補いながらの指導を展開する。

1時間や小単元等の節目で、適用題やノート確認、小テスト、学習の様子などで理解や定着を確かめ、教え直しや軌道修正を臨機応変に行いながら、目標の実現をめざして展開する。

短いフィードバックサイクルの形成的評価

機能による「評価」の分類

診断的評価	単元の導入にあたり、必要な既習の知識や技能がついているかの確かめのための「レディネスチェック」
形成的評価	途中、途中での成果の確かめのための「コーチとしての評価」フィードバックサイクルの長いものと短いものがある
総括的評価	学期末や年度末に定着を確かめるための評定としての評価、「審判としての評価」 ＊次の学期や学年のための形成的評価としても

評価について、その機能、実施時期から分類すると上のようになります。

「形成的評価」をはじめとするこれらの評価は、掲げた目標に対応する評価であり、この意味では途中、途中の成果の確かめとしての形成的評価だけが「目標と指導と評価の一体化」（ＰＤＣＡサイクル）の脈絡のなかで機能するものではありません。

目標実現に向けてのレディネスを確かめるための診断的評価や、総括的評価の結果も次の学期や学年における関連単元の形成的評価の情報として、さらに指導の方法、手立てとして有効な情報を得るために活用すべきものでもあることを押さえておきましょう。

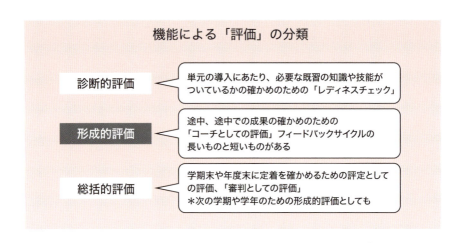

②その成果で十分ですか？

思考力や表現力、さらに非認知的能力も目標に入っていますか？

指導の結果責任を果たすためには、「指導と評価の一体化」によって成果を上げるだけでは十分とはいえません。**その成果で十分なのか、といった問いに答えなければならない**からです。

分かる、覚える、できるといった成果は上がったとしても、ものの見方・考え方、感じ方は育たなかった。あるいは、難しい課題であってもすぐにあきらめずにがんばろうとする意欲や態度、自分の力で解決しようとする力は育たなかった。また、友達と協働しながら学び合い・高まり合う力は育たなかったでは、指導の結果責任としては不十分です。

単元の内容に即した知識及び技能だけでなく、**ものの見方・考え方、感じ方、学びに向かう力といった成果も併せて実現**しなければなりません。

もっといえば、教科としての成果にとどまらず、「自力解決の力」や、コミュニケーション力やコラボレーション力（協働力）による「学び合い・高まり合う力」、もっと学びたい、こだわって続けてみたいといった「探究の力」、さらに困難から逃げずに背伸びをしてがんばる力や、その結果得られる学ぶ手応えや自信、肯定的な自己概念、バランスの取れた自尊感情など、成長にとっての成果、つまり非認知的な能力の成果等もつくり出さなければなりません。

そのために、教師は学びだけでなく、育ちの面にも目配りした目標を掲げ、その実現をめざすことから授業づくりを考える必要があります。102ページの「開く授業の展開」は、そのモデルです。

学校教育の特長である教育課程（カリキュラム）とは、掲げた目標の実現をめざして、どのような内容と活動を設定し、どのような順序で展開していくかの見通しであり、計画的、系統的、意図的、積極的な学校教育の営みの根拠は教育課程に則って教育活動が展開されるところにあるといえます。

③成果を返してほめていますか？
～所見は文字によるほめ直し～

評価の大切な機能は、成果を学習者である子どもたちに返すことです。一人ひとりの成長や変容を取り上げ、ほめどころやがんばりどころを指摘して励ましたりすることです。

テストで確かめることができるのは、知識・技能の観点からの目標と、思考・判断・表現の一部に過ぎず、主体的に学習に取り組む態度、学び合い・高まり合う力、コラボレーション力、コミュニケーション力といった、これからの人生を充実させ、有意義に過ごすために求められる力の大部分は、テストでは確かめることが難しいものです。

このような目標の評価については、一人ひとりのこれまでと比べての**変容、成長を見取り、取り上げて返す**ことが大切です。

ほめことばや励ましのことばは「よくできたね」「すばらしい」といった一般的、総評的なものではなく、以前と比べての向上や成長を見取っての**具体的でピンポイントなもの**でなければなりません。

ノート指導のところでも触れましたが、「このように同じ面積の図形をもう1つつくるのはとてもいいアイデアです。平行四辺形や長方形がつくれたら、公式が使えるからね」とか、該当部分に傍線を引き、句読点で修正箇所を示し「この文章は長すぎるので、ここで区切るように。書いた後に読み返して、短い文章を心がけるようにしましょう」といった**具体的なアドバイスを朱入れで行う**ことが大切です。

この後、このようにアドバイスした子のノートが簡潔な表現になっているかどうかを確かめ、すかさず「ずいぶん短くて分かりやすく書けていますね、なかなかいいですよ」といった朱を入れることができたら、これからも必ず読み返して簡潔な表現を心がける学習習慣が育つようになります。

このような日常のほめことばや励ましのことばについて、改めて文章でほめ直すのが通知表の所見です。普段から個を見てほめたり、励ましたりしていれば、自ずと通知表の所見は書けるはずです。

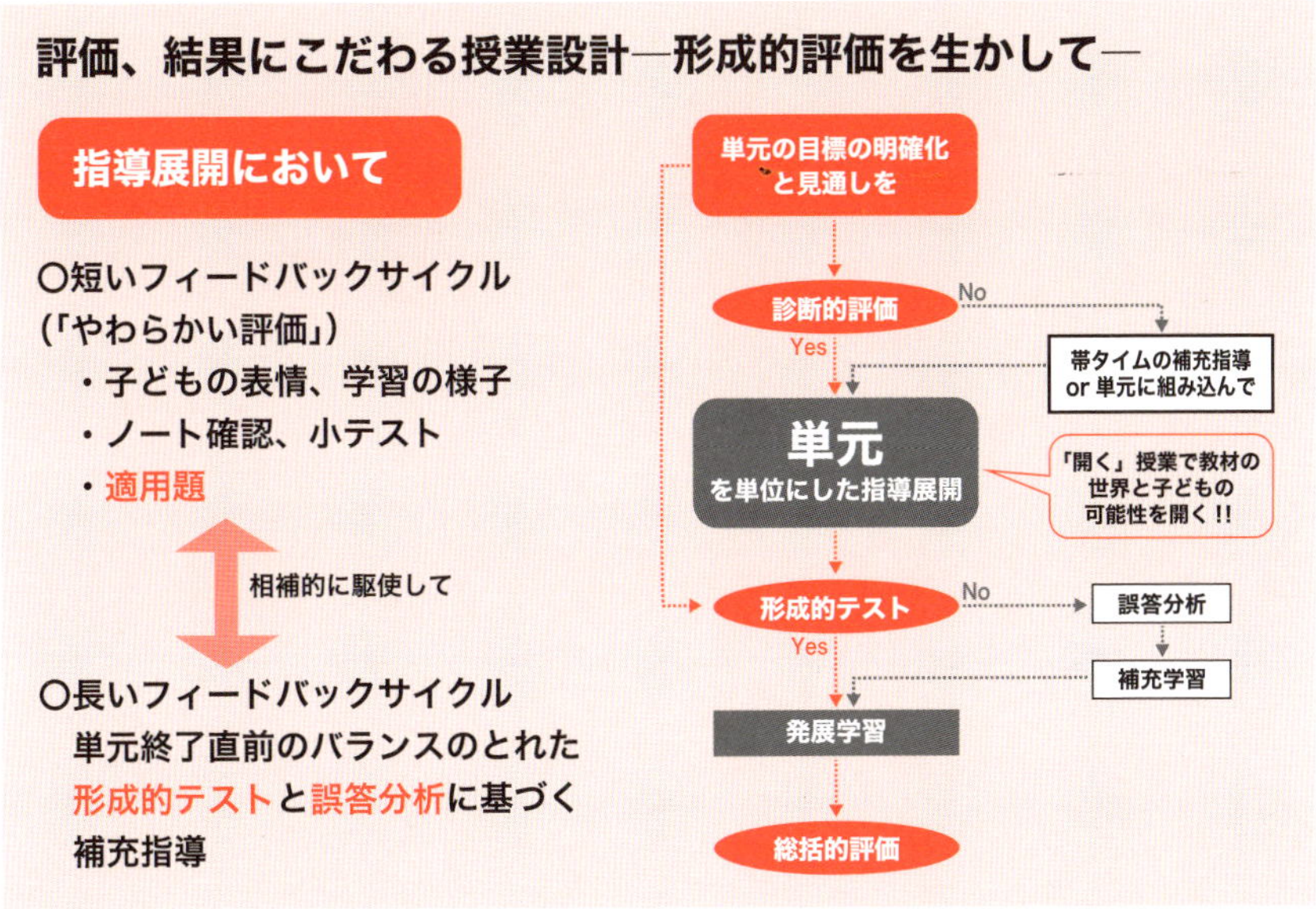

○評価を生かした授業展開

まず、この単元では何が分かり、何ができるようになり、どんな見方・考え方が育てばいいのか等を明らかにして、その目標達成のための学習活動の見通しを単元単位で立案します。さらに、目標を評価からとらえ、成果を確かめるための単元末の形成的テストを作成しておきます。

わり算を学習するときには、かけ算が分かっていないといけない、というように、単元の学習の前提となる学習の定着についてそっと確かめておき（診断的評価）、帯タイムの補充指導や単元に組み込んで、補いながら指導を展開していきます。

単元を単位にした指導展開では、1時間や小単元等の節目で、適用題やノート確認、小テスト、学習の様子などで理解や定着を確かめ、教え直しや軌道修正を臨機応変に補いながら、目標の実現をめざして展開します。

○PDCAサイクルを活用した確かな学力づくりのために

目標と指導と評価の一体化のためには、学習内容に即して目標分析を行い、目標に目配りした後、論理的な関係をもとに目標を精選、吟味する必要があります。さらに、精選、吟味した目標の中から、中核に位置する目標とそれを支える目標の関係を明らかにし、作成した目標の順路案に活動を肉づけして単元の指導計画を作成することになります。139ページの形成的テストから後の作業を詳しくすると、次のようになります。

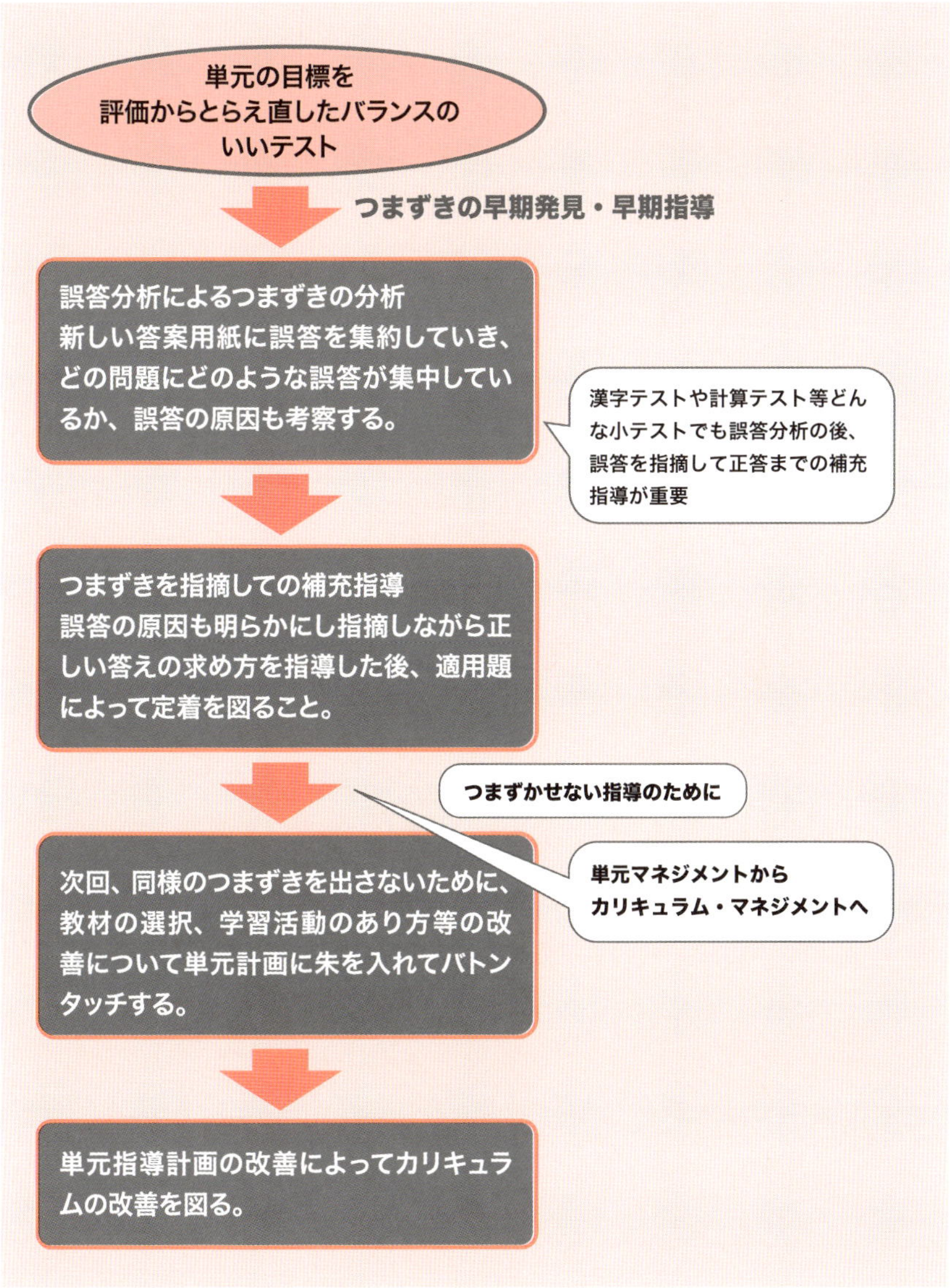
単元の目標を
評価からとらえ直したバランスの
いいテスト
つまずきの早期発見・早期指導
誤答分析によるつまずきの分析
新しい答案用紙に誤答を集約していき、どの問題にどのような誤答が集中しているか、誤答の原因も考察する。
漢字テストや計算テスト等どんな小テストでも誤答分析の後、誤答を指摘して正答までの補充指導が重要
つまずきを指摘しての補充指導
誤答の原因も明らかにし指摘しながら正しい答えの求め方を指導した後、適用題によって定着を図ること。
つまずかせない指導のために
次回、同様のつまずきを出さないために、教材の選択、学習活動のあり方等の改善について単元計画に朱を入れてバトンタッチする。
単元マネジメントから
カリキュラム・マネジメントへ
単元指導計画の改善によってカリキュラムの改善を図る。

目標と指導と評価の一体化（PDCA サイクル）

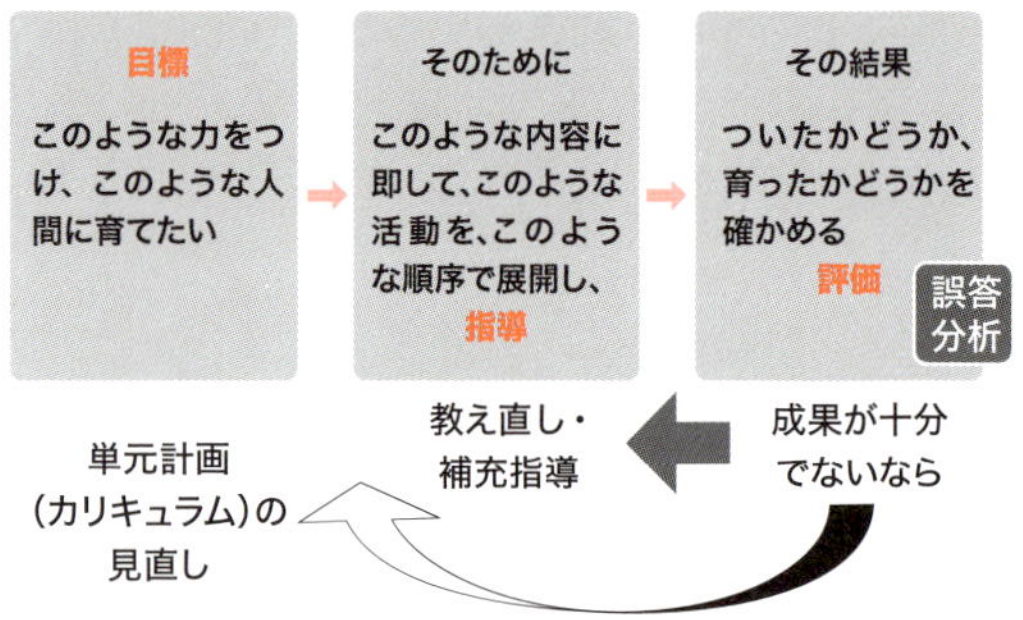

評価を形成的に機能させながら、一方で子どもの躍動する姿に合わせて臨機応変に、一方でねらいとする目標の実現をめざす授業づくりが求められているということです。

評価にこだわるとは、結果としての子どもの育ちの姿にこだわることに他なりません。悉皆《しっかい》の全国学力調査や学校評価は、そのための手段です。

終わり（outcome）よければすべてよし。

そのためには、途中途中で目標の実現を確かめながらの評価（形成的評価）に基づく、臨機応変な指導が欠かせません。これがマネジメントです。めざす子どもの姿（目標）を見定め、カリキュラムの最小単位である単元を単位に、単元の目標の実現を通して、カリキュラムの目標を実現する。これがカリキュラム・マネジメントです。

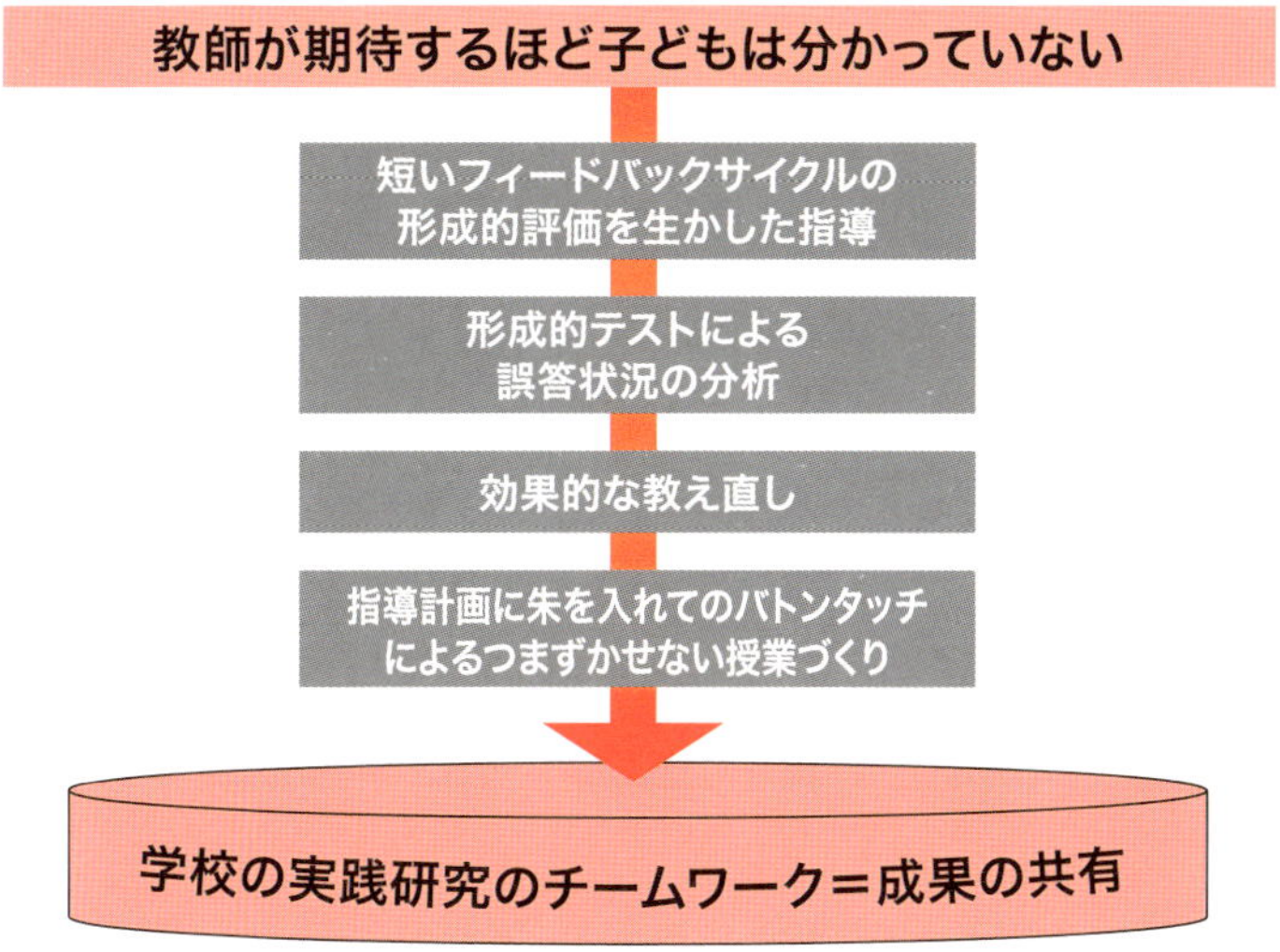
教師が期待するほど子どもは分かっていない
短いフィードバックサイクルの
形成的評価を生かした指導
形成的テストによる
誤答状況の分析
効果的な教え直し
指導計画に朱を入れてのバトンタッチ
によるつまずかせない授業づくり
学校の実践研究のチームワーク＝成果の共有

そのためには、先に示したように、誤答分析による効果的な教え直し、補充指導が重要です。

また、つまずかせない指導、資質・能力の育成のために、指導を振り返っての朱入れも欠かせません。改善した単元指導計画のバトンタッチを行うことで、単元改善からカリキュラム改善に結びつけることができるからです。「終わりよければすべてよし」をめざして成果を確かめながらの臨機応変な指導と、成果の確かめ（評価）を生かしての今後の「内容としての過程」単元の創造がカリキュラム・マネジメントであると考えられます。

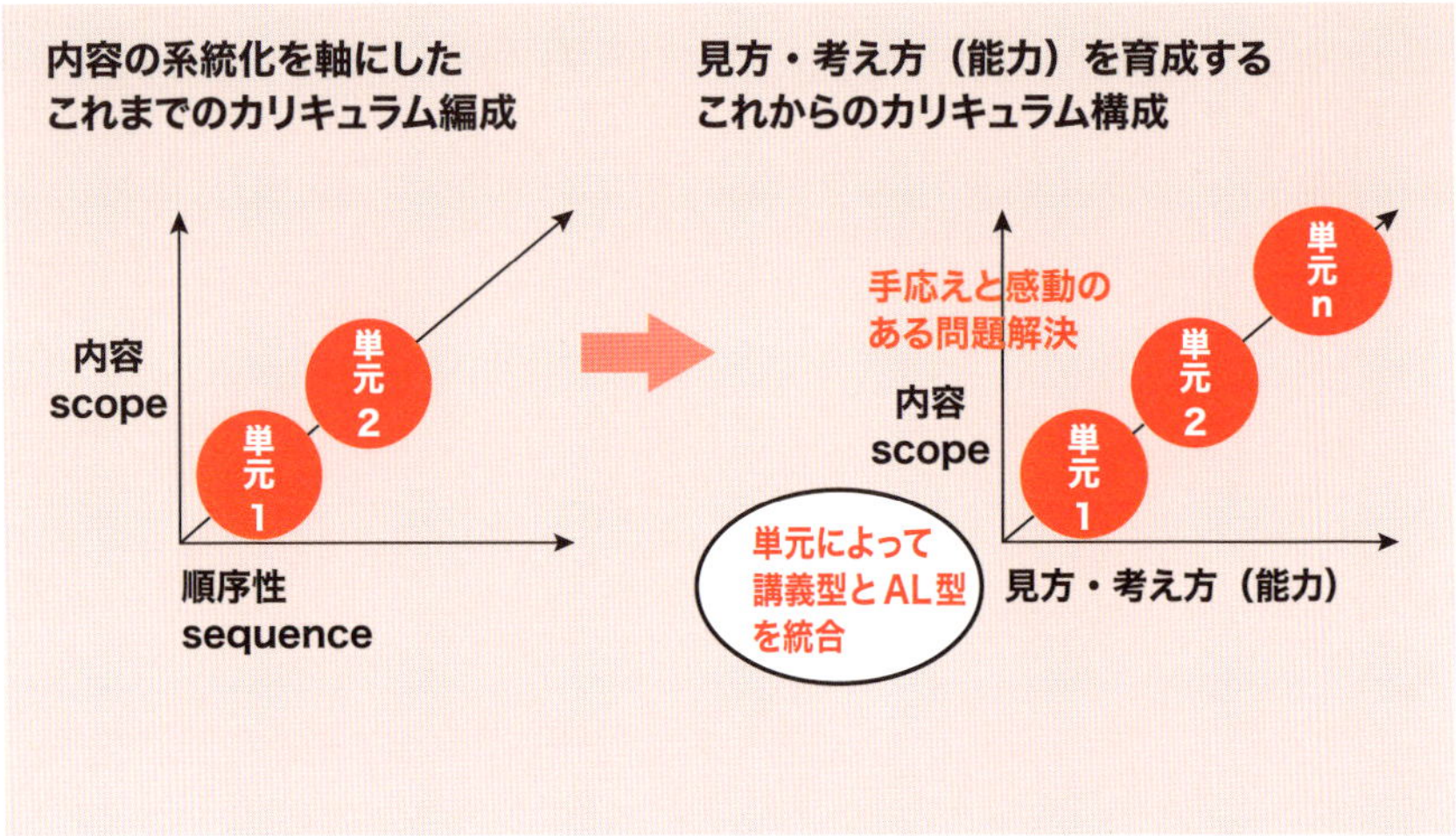

○見方・考え方の育成のためのカリキュラムと単元構成

内容に即して、見方・考え方（能力）を導き出してのカリキュラム編成では、内容の系統こそ確保されるものの、見方・考え方（能力）の系統、育てる見通しの確保は困難または不十分になりがちです。

そこで、上図・右のように、見方・考え方（能力）の系統と、内容の系統を統合する形でのカリキュラム編成が望まれます。

本来、ユニット（単元）とは、内容と能力を統合するためのものであり、カリ

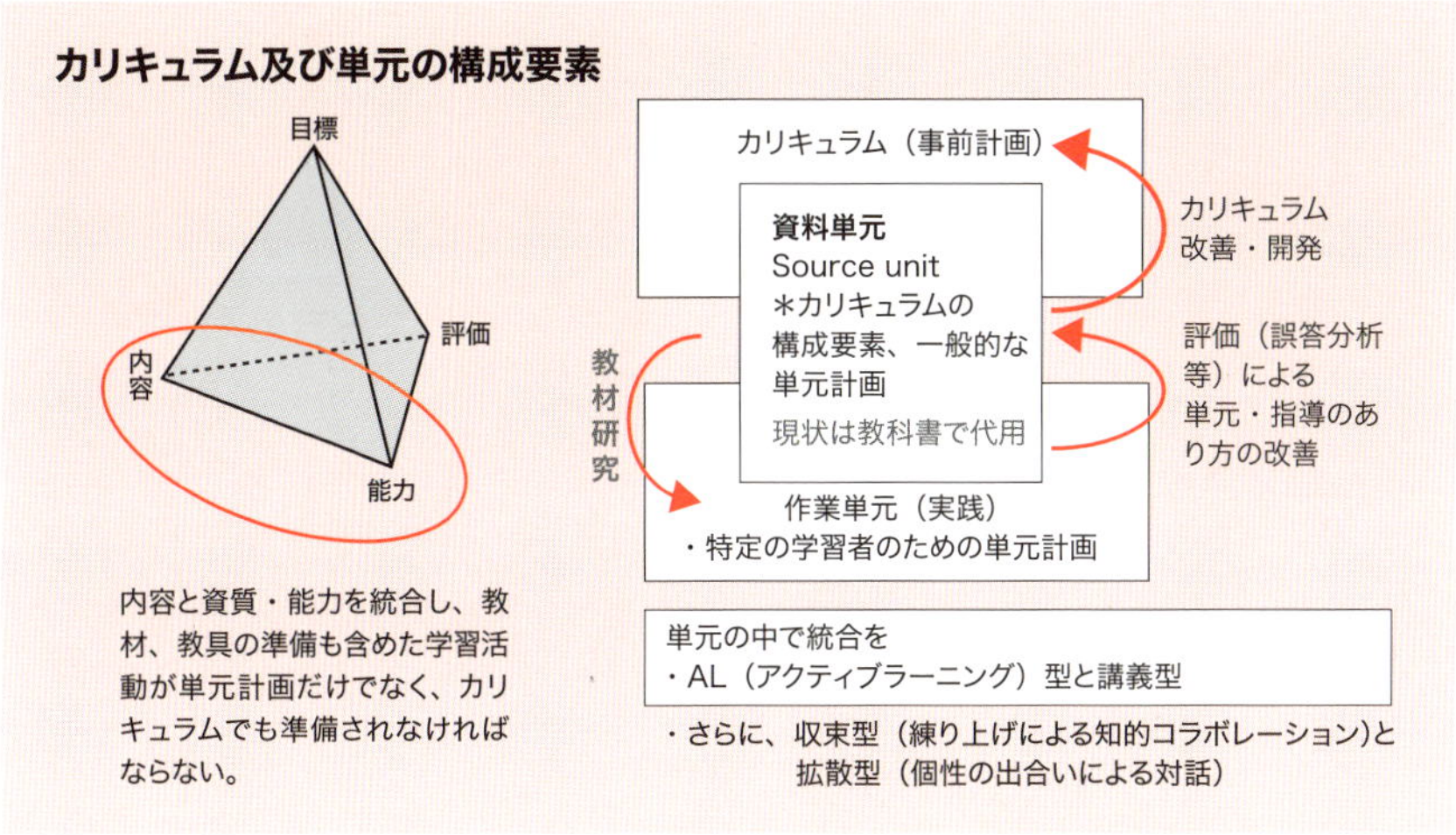

キュラムの目標は、その最小単位のユニット（単元）の目標の実現を通して、その実現を図るものであることから、内容と見方・考え方（能力）を要素としてカリキュラム編成を行うことは適切で、理にかなうものです。

　教科等の見方・考え方を明らかにするために、カリキュラムを見通しての教材研究、教材開発、カリキュラム・マネジメントが求められているのです。

（誤答分析によるつまずきの早期発見、早期治療から「つまずかせない授業づくり」による単元マネジメント、カリキュラム・マネジメントについては、拙書『開く』授業の創造による授業改革からカリキュラム・マネジメントによる学校改革へ―アクティブ・ラーニングを超える授業の創造と小中一貫教育の方法―」文溪堂p82～86参照）

○「主体的・対話的で深い学び」の実現のために

主体的・対話的で深い学びは、その実現を目標としてあげ、積極的、計画的、系統的で効果的な指導を展開してきてはじめてその成果が期待できるものです。

学校教育の第一の特長は、教育課程に基づいて教育が展開されることですが、教育課程とはこのような育ちを実現したい、このような力をつけたいといった目標をあげ、その実現をめざして、計画的、系統的、積極的で効果的な指導を積み重ね、その成果を確かめながら、指導のやり直しや計画の見直し、目標の見直しを図っていくための見通しといえます。

このような学校教育における教育課程を、横断的に構造化してとらえると左のようになります。

結果重視の教育、評価にこだわる授業をつくるには、教え上手から学ばせ上手にならなければなりません。そのためには、講義型とＡＬ型の効果的な統合も求められるでしょう。

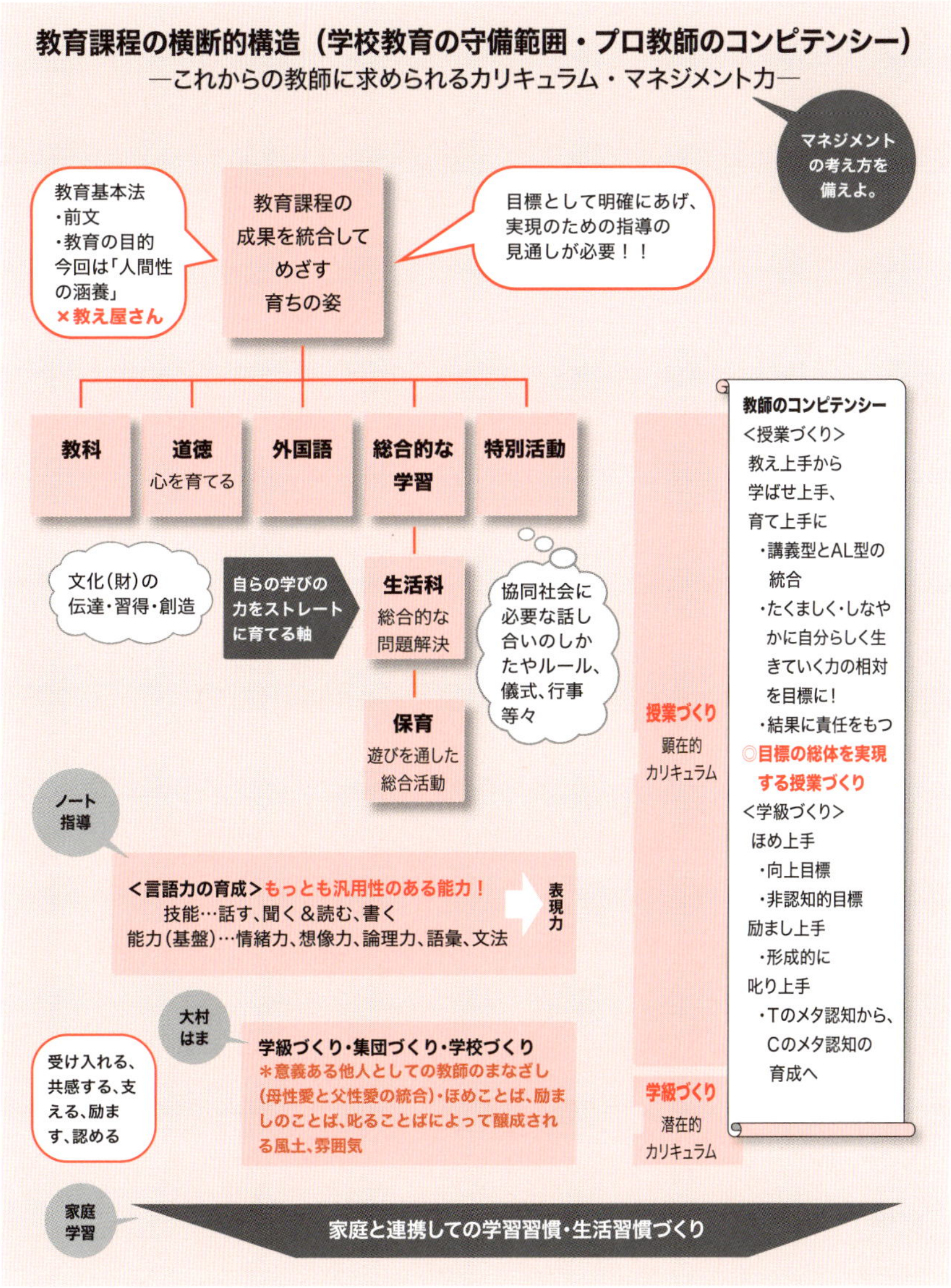
教育課程の横断的構造（学校教育の守備範囲・プロ教師のコンピテンシー）
―これからの教師に求められるカリキュラム・マネジメント力―
マネジメントの考え方を備えよ。
教育基本法
・前文
・教育の目的
今回は「人間性の涵養」
×教え屋さん
教育課程の成果を統合してめざす育ちの姿
目標として明確にあげ、実現のための指導の見通しが必要！！
教科
道徳
心を育てる
外国語
総合的な学習
特別活動
文化（財）の伝達・習得・創造
自らの学びの力をストレートに育てる軸
生活科
総合的な問題解決
保育
遊びを通した総合活動
協同社会に必要な話し合いのしかたやルール、儀式、行事等々
ノート指導
＜言語力の育成＞もっとも汎用性のある能力！
技能…話す、聞く＆読む、書く
能力（基盤）…情緒力、想像力、論理力、語彙、文法
表現力
大村はま
受け入れる、共感する、支える、励ます、認める
学級づくり・集団づくり・学校づくり
＊意義ある他人としての教師のまなざし（母性愛と父性愛の統合）・ほめことば、励ましのことば、叱ることばによって醸成される風土、雰囲気
授業づくり
顕在的カリキュラム
学級づくり
潜在的カリキュラム
教師のコンピテンシー
＜授業づくり＞
教え上手から学ばせ上手、育て上手に
・講義型とAL型の統合
・たくましく・しなやかに自分らしく生きていく力の相対を目標に！
・結果に責任をもつ
◎目標の総体を実現する授業づくり
＜学級づくり＞
ほめ上手
・向上目標
・非認知的目標
励まし上手
・形成的に
叱り上手
・Tのメタ認知から、Cのメタ認知の育成へ
家庭学習
家庭と連携しての学習習慣・生活習慣づくり

学校が楽しいのは

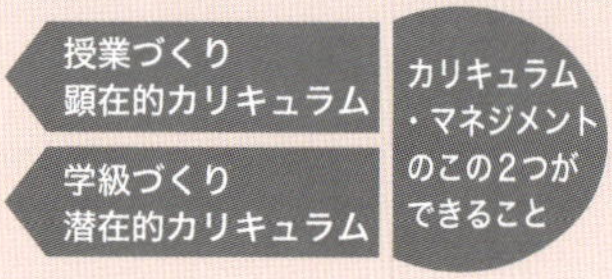

・勉強が分かるから、できるからだけではない
・私のことを受け入れてくれる友達や私のよさを分かってくれる先生がいるから
◎**「意義ある他人」としての担任の教師のまなざし**が中心になってつくり出されるクラスの価値観やよしとされる行動様式等々の風土・雰囲気（*ヒドゥン・カリキュラム、レイタント・カリキュラム）
・積極性、寛容（許容）性、規律のある子どもが育っているか
◎固定しがちなまなざし、特に注意を要する教科、教師のまなざしがそのまま友達を見るまなざしになって…
・「教室は間違ってもいいところ」？　本当にそうなっているか？
〇なるほど（きちんと受け止めること）　× 分かりましたか（禁句）
◎学級づくりと授業づくりが、プロ教師のコンピテンシー

学校とは、子どもが賢くなり、自信がつくところでなければなりません。

分かることやできることが増え、考える力や表現する力がつき、学ぶ手応えや楽しさを味わった結果として学ぶ意欲が高まり、成果の手応えを感じることで自分自身に自信がつくところでなければならないのです。

結果に責任をもち、目標の総体を実現する授業づくりのために、教師は「ほめ上手」「励まし上手」「叱り上手」でありたいものです。

ご自分のクラスを思い浮かべてみてください。「教室は間違ってもいいところ」「みんなで賢くなるところ」になっていますか？

温かくておだやかな風土は育っていますか？

学校が楽しいのは、勉強が分かるからだけではないはずです。自分のことを受け入れてくれる友達や自分のよさを分かってくれる先生がいるから、学校が楽しいのです。

「意義ある他人」としての担任教師のまなざしが、とても大きな意味をもっていることを、再認識していただきたい。

まずは、プロとして、教師としての自覚をもっていただきたいのです。一人ひとりの子どもに、目を向け、ほめことばや励ましのことばを返す教師であっていただきたいと思います。

＊ヒドゥン・カリキュラム、レイタント・カリキュラムとは…

「ヒドゥン（hidden）」「レイタント（latent）」ともに「隠された」という意味。これらのカリキュラムは、「潜在的カリキュラム」「隠れたカリキュラム」「裏のカリキュラム」とも言われ、教育活動の中で、教師の無意識・無自覚的な言動（表情、語調、態度、こだわり、雰囲気など）から、子どもが明示的に教えられていないことまで学びとり、知識や規範、価値観や行動が定着してしまうことをさす。たとえば、教師がクラスの決めごとをすぐに変えていくと、子どもは「クラスの決めごとは簡単に変えてもいい」と考えるようになることや、教師が腕を組んだら、静かにするといったことなど。

ほめ上手・励まし上手・叱り上手な教師になろう

子どもたちにとって意義ある他人としての教師の温かいまなざしは、ヒドゥン・カリキュラムマネジメントの要

「前は１枚だけだったけど、この頃原稿用紙２枚、３枚へっちゃらだね。作文が好きになってきた証拠だね」

具体的に一人ひとりの、以前と比べての成長や向上の成果を取り上げてほめること。すごいね、すばらしい、といったように総評的、一般的なほめ言葉ではなく。

「この文は長すぎます。先生のお手本のように短くして。書いた後に読み直して、長すぎないように気をつけよう」

がんばれだけではなく、どこをどのようにがんばればいいかを示して励ますこと。次の作文を楽しみに待ち、簡潔な表現になっていたら、すかさず「書いた後読み直した証拠ですね。とても読みやすくなっています」とほめること。

授業中のほめ言葉や励ましのことばを記録しておき、改めて文章でほめ直すのが通知表の所見である。

叱り方のコツ３か条　さわやかに叱り、その後は何ごともなかったように！

①説教は3分以内に。(それ以上叱ると、何を叱っていたかを忘れてしまいがち)

②逃げ道をこしらえて叱る。つまり、振り上げたこぶしの降ろしどころを考えながら叱ること。これはもう一人の冷めた自分からのメタ認知を忘れないことである。

③決して過去にさかのぼって叱らないこと。今、ここのことに限定して叱ること。叱るとは、よくなることを願い、期待してのことであり、怒りにまかせての怒るとは異なるものである。

「意義ある他人」としての担任教師のほめことばや励ましのことばが、いかに大きなものか、再認識していただけたでしょうか。

お互いの人格や個性を認め合い、その成長や向上をともに喜び、支え合いながらも自立し、個性的に生きていくという学級づくり、集団づくりに効果的に結びつけていただきたいと思います。

ピンポイントレッスン

プロ教師の風呂敷包み

「教室に入ったら、いつも明るく、さわやかで元気な先生で」そうは言っても、先生も人間だから、いろいろな心配ごとや悩みを抱えています。それは生きているから、しかたのないこと。でも、それを教室に、子どもの前にもち込むのはプロではありません。プロの教師は、子どもの前ではいつも明るく、さわやかで元気でないといけません。

先生と勉強したらなんだか元気になる、そのためにはまず先生が元気でないと。

そこで、とっておきの道具があります。それは風呂敷包み。心配ごとや悩み等々を風呂敷包みに包んで教室の前に置いて入り、子どもの前では教えることだけに専念する。そうすると不思議なことに、終わって教室を出るとき風呂敷包みを忘れてしまったり、忘れていなくても担いだら軽くなったりします。子どもの屈託のない笑顔がいやなことを吹き飛ばしてくれる。先生も、家庭での子育ても同じです。

第4章のまとめ

評価を生かした授業とは

～新しい時代に求められる教師の資質・能力～

育ちの姿を実現できること。

家庭学習の
習慣もついてきた

他人や本との対話、
振り返りによって自分を見つめ直す
ことができるようになった

3人寄れば
文殊の知恵、手応えと
協働のしかたが分かった

友達に筋道立てて
説明したり、友達の
考えを補えるように
なってきた

自分ごととして
勉強に取り組める
ようになってきた

学校は、理屈を学ぶのではなく、知的好奇心が育つところ。先生にほめられ、励まされ、友達にも認められて自信をつけるところ。

ヒドゥン・
カリキュラム

主体的・対話的で
深い学びの
成果から

教師のコンピテンシー（実践的能力）とは、このような

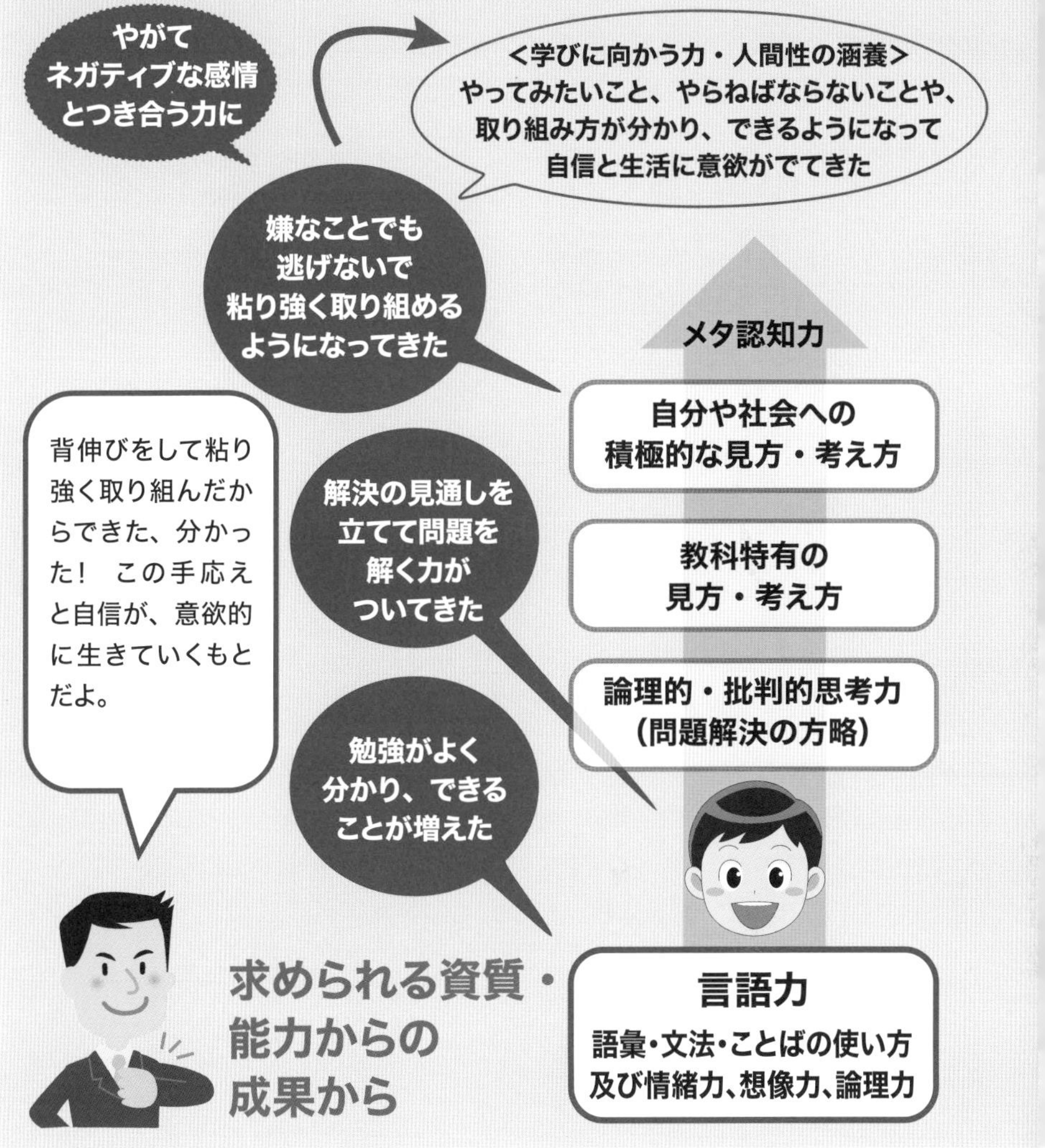

やがて
ネガティブな感情
とつき合う力に
＜学びに向かう力・人間性の涵養＞
やってみたいこと、やらねばならないことや、
取り組み方が分かり、できるようになって
自信と生活に意欲がでてきた
嫌なことでも
逃げないで
粘り強く取り組める
ようになってきた
メタ認知力
自分や社会への
積極的な見方・考え方
背伸びをして粘り強く取り組んだからできた、分かった！ この手応えと自信が、意欲的に生きていくもとだよ。
解決の見通しを
立てて問題を
解く力が
ついてきた
教科特有の
見方・考え方
論理的・批判的思考力
（問題解決の方略）
勉強がよく
分かり、できる
ことが増えた
求められる資質・
能力からの
成果から
言語力
語彙・文法・ことばの使い方
及び情緒力、想像力、論理力

やさしいことばがやさしい心を育てる。

ひとつのことばでけんかして
ひとつのことばでなかなおり
ひとつのことばで頭が下がり
ひとつのことばで心が痛む
ひとつのことばで楽しく笑い
ひとつのことばで泣かされる
ひとつのことばはそれぞれに
ひとつの心を持っている
きれいなことばはきれいな心
やさしいことばはやさしい心
ひとつのことばを大切に
ひとつのことばを美しく

（作者不詳、北原白秋作という説あり）

私が大切にしている文章の一つです。

いま学校教育では国語だけでなく、全教育活動を通してことばの力を育てることをめざしています。

ことばの力とは、具体的には、話す、聞く、読む、書く、の力です。話す、聞くは音声によるコミュニケーション、ことばの直接的なやりとり、ことばのキャッチボールです。相手の心をことばで受け取って、こちらの心をことばで返す。そしてお互いを理解し合う。やさしいことばでやさしい心を伝え、きれいなことばできれいな心を伝える。穏やかなことばで穏やかな心を伝えるのです。

けなされて育つと、子どもは人をけなすようになる。ほめてあげれば、子どもは明るい子に育つ。やさしく思いやりをもって育てれば、子どもはやさしい子に育つ。これは「子は親の鏡」（ドロシー・ロー・ノルト、レイチャル・ハリス、石井千春訳）からの引用ですが、子どもたちを伸ばす秘訣がここにありそうです。

つまり、どんな心や思いをこめてことばをかけているか、一つひとつのことばに込められた心や思い、願いが子どもに届くということです。「育てたように子は育つ」とは言い得て妙だと思います。

ことばの力は、話す、聞くだけでなく、読む、書くもあります。こちらは、ことばを文字に表しての文字言語によるコミュニケーションですが、思考、認識の力を育てるものでもあり、なかでも特に「書く」に力を入れています。ノート指導が強調されている理由がここにあります。

このような話す、聞く、読む、書くといったことばの力、技能もこれだけでは不十分で、それらの基盤としての感性や想像力、論理力、語彙（ことばの数）、文法の支えがあってこそ、効果的な育成になります。

やさしいことばによってやさしい心を伝え、やさしい心を育てることは、基盤を形成しながらことばの力を育てる効果的な方法でもあるのです。

本書では新しい学習指導要領を改めてひもとき、授業のあり方を考えてきました。新教材の開発をやさしいことばで主張し、やさしくお伝えしてきたつもりですが、やさしく伝わったでしょうか。

最後にもう一つ、未知の状況にも、知識・技能を活用して問題を解決する見方・考え方が育つと、三角形の中点連結定理が4年生で解けることをお伝えして終わろうと思います。

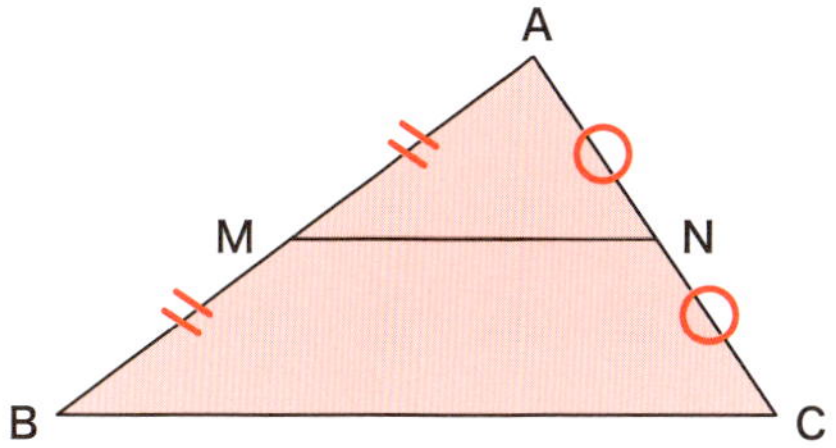

$$MN//BC$$
$$MN=\frac{1}{2}BC$$

中点連結定理は中学校の学習内容ですが、平行四辺形の定義と性質は小学校4年生で学びますから、論理的思考力（演繹）の活用で、4年生でも解けるのです。

まずMNを延長しMNと同じ長さになるように点Dをとり、MBCDが平行四辺形だったら、と考えます。そこで、対角線が互いに2等分しているから、AMCDが平行四辺形だと分かると…

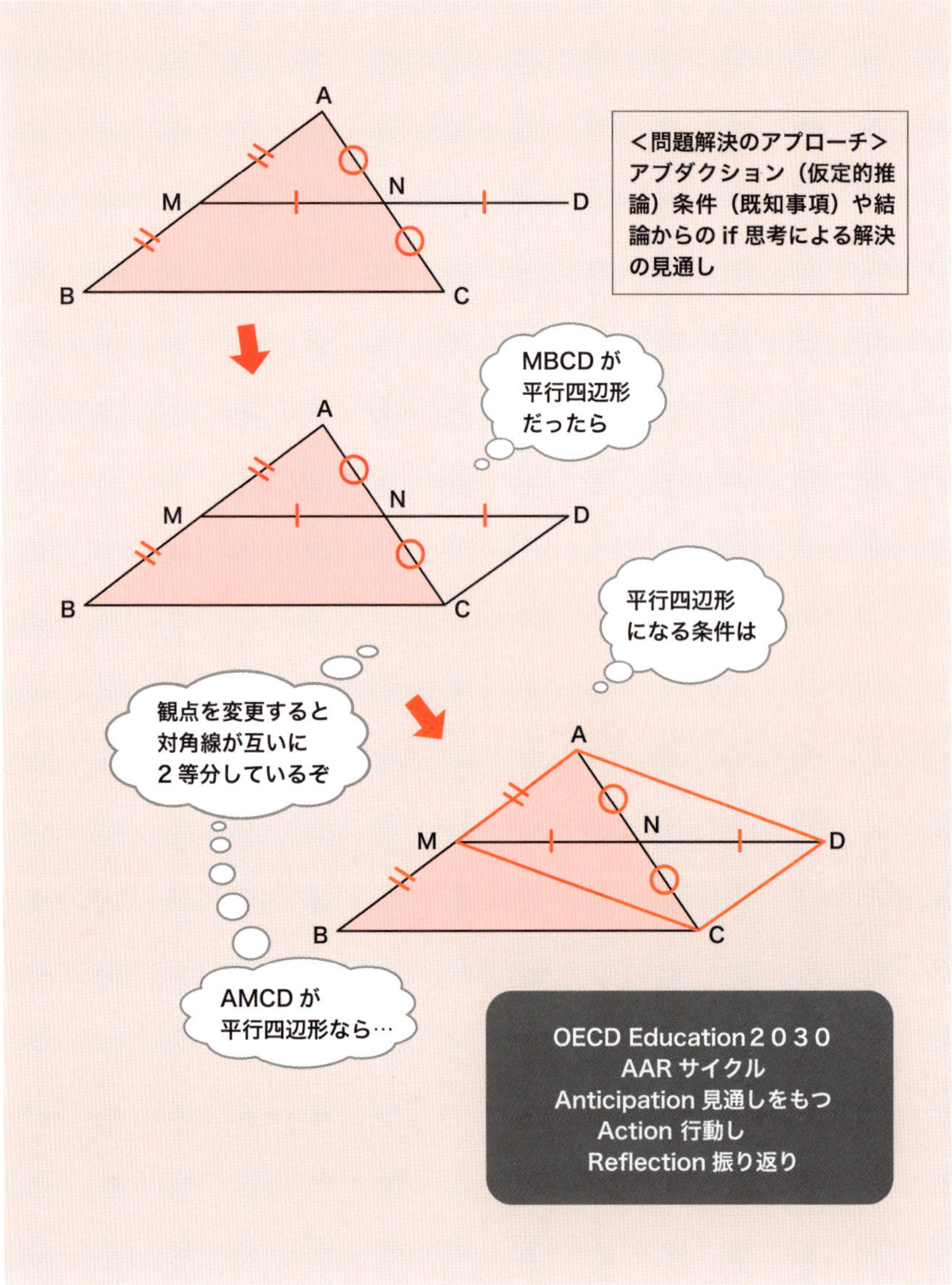
A
M
N
D
B
C
＜問題解決のアプローチ＞
アブダクション（仮定的推論）条件（既知事項）や結論からの if 思考による解決の見通し
MBCD が
平行四辺形
だったら
平行四辺形
になる条件は
観点を変更すると
対角線が互いに
２等分しているぞ
AMCD が
平行四辺形なら…
OECD Education２０３０
AAR サイクル
Anticipation 見通しをもつ
Action 行動し
Reflection 振り返り

この問題に必要な力は①平行四辺形の定義と性質、②結論から解決の方向を導くif思考（構想力）、③論理的思考力、④演繹的思考力になります。①は4年の学習、②③④は汎用的能力です。

このように、知識・技能の土台の上に思考力があり、知識・技能は思考力によって生かしていくものです。さらに大切なのが「粘り強く取り組む力」です。子どもたちの実態から、必要に応じ育てておいてやらねばならない非認知的能力を上げることも欠かせません。あきらめて逃げ出さず、粘り強く取り組んでいるうちに、だんだんおもしろくなり、手応えを感じるようになってくることが人生の中でも少なくないからです。

やさしいことばで励ましながら、子どもたちをのばしていきたいですね。

最後になりましたが、本書の刊行にあたっては、文溪堂の岸 保好さん、装文社の池田直子さんに大変お世話になりました。

この場を借りてお礼申し上げます。

令和元年皐月吉日　赤穂坂越にて

著者紹介

加藤《かとう》 明《あきら》（関西福祉大学 学長）

兵庫県明石市に生まれる。

大阪教育大学大学院修了後、大阪府豊中市立泉丘小学校教諭、大阪教育大学教育学部附属池田小学校教諭、ノートルダム清心女子大学助教授、京都ノートルダム女子大学心理学部長・教授、兵庫教育大学大学院教授、京都光華女子大学副学長を経て2014年4月より関西福祉大学副学長・発達教育学部長に就任。同年10月より学長に就任。文部科学省中央教育審議会専門委員（教育課程企画特別部会／小学校部会）、「児童生徒の学習評価の在り方に関するワーキンググループ」委員、文部科学省検定教科書「算数」「生活」（東京書籍）編集委員、文部省（当時）学習指導要領「生活」作成委員などを歴任。

（主な著書）

『お母さんの算数ノート』文溪堂、『改訂 実践教育評価事典』(共編著) 文溪堂、『これだけは知っておきたい！「算数用語」ガイド』文溪堂、『「開く」授業の創造による授業改革からカリキュラム・マネジメントによる学校改革へ』文溪堂、『絵本仕立て 割合がわかる本』文溪堂、『新学習指導要領における資質・能力と思考力・判断力・表現力』(共編著) 文溪堂、『プロ教師のコンピテンシー ―次世代型評価と活用―』明治図書、『教育評価事典』（共著）図書文化、『評価規準作りの基礎・基本 ―学力と成長を保障する教育方法―』明治図書、『総合的な学習の基礎・基本 ―評価規準による自立への挑戦―』明治図書、『現代教育評価事典』（共著）金子書房、『小学校通知票記入文例集』（共著）教育開発研究所、『算数指導入門』金子書房など多数。

編 集 協 力：池田直子（株式会社 装文社）
デザイン・DTP：有限会社 野澤デザインスタジオ

新学習指導要領をひもとく

2019年7月 第1刷発行

著　　者　加藤 明
発 行 者　水谷泰三
発 行 所　株式会社文溪堂
東京本社／東京都文京区大塚 3-16-12　〒112-8635
TEL（03）5976-1311（代）
岐阜本社／岐阜県羽島市江吉良町江中 7-1　〒501-6297
TEL（058）398-1111（代）
大阪支社／大阪府東大阪市今米 2-7-24　〒578-0903
TEL（072）966-2111（代）
ぶんけいホームページ　http://www.bunkei.co.jp/

印刷・製本　サンメッセ株式会社

ISBN 978-4-7999-0338-4　NDC375　160P　210mm × 148mm
落丁本・乱丁本はお取り替えします。定価はカバーに表示してあります。